教育・保育実習テキストブック

―幼稚園・保育所・幼保連携型認定こども園―

小泉　裕子
園田　　巌
　　　編著

綾　　牧子
内田　裕子
桐川　敦子
幸喜　　健
近喰　晴子
宍戸　良子
清水　道代
舟生　直美
山本　詩織
　　　共著

建帛社
KENPAKUSHA

は し が き

　今，この本を手にしてくださっている皆さんは，わが国の保育現場に携わる保育士や幼稚園教諭，保育教諭等の専門家として，将来活躍したいと思っている方々だと思います。皆さんが目指す保育職の重要性は，保育者に求められる「専門性（以下，保育力）」として，明治・大正・昭和・平成，そして令和の時代へと受け継がれてきました。保育制度もその間さまざまに変化し，昭和の保育を担ってきた「保育所」，「幼稚園」に加えて，平成には「認定こども園」が制度化されるなど，保育者の「保育力」も多様になっています。

　現在の保育者の「保育力」に期待されることとして，大きくは二つ挙げられます。一つは子育て家庭の保育ニーズが高まり，保育施設の量的拡大に伴う，保育者（特に保育士）数の増加への期待です。保育の受け皿としての期待ともいえます。もう一つは，世界の多くの国々で注目されている，乳幼児期保育の質の向上への期待です。子どもたちが質の高い保育を受け，生きる力の基礎を培う教育的ステージとして，その成果が期待されています。このように保育者は，保育の量的拡大と，質の高い保育実践を期待される，社会的評価の高い職業へと変化してきました。

　社会的な期待が高まる中で，『幼稚園教育要領』，『保育所保育指針』，『幼保連携型認定こども園教育・保育要領』の改訂（改定）を受け，2019 年に保育士養成課程の改定が行われました。その中では，乳児保育の充実，幼児教育の積極的な位置付け，健康管理および安全管理の見直し，保護者や地域と連携した子育て支援，職員の質の向上などが，「専門性（保育力）」として位置付けられています。他にも，早朝・延長保育，病児保育，特別に配慮の必要な子どもの保育など，多様で重大な取り組みへの期待も増大してきています。

　このような背景の中で，皆さんが保育職へのあこがれをもつ一方，保育界では心身の負担が大きい仕事だと嘆く残念な風潮もうかがえます。ただ，保育者はそれをたった一人で背負っているわけではありません。園長，副園長，主任，クラス担任，補助スタッフ，医療関係・栄養関係スタッフなど，園内の専門家チームが連携し，心と知恵とスキルを寄せ合い，ワンチームで保育を営んでいます。そして常に，子ども一人ひとりの幸せを願い，「子どもが真ん中」の保育を推進しています。

　では，実習生の皆さんは，どのような力を身に付ける必要があるのでしょうか。現場の保育者と同じ「保育力」を身に付けて実習に臨まなければならないのでしょうか。

　いいえ，それは現実的にはとても無理な話です。経験豊かな保育者でも，一年一年の実践の積み重ねや自己研鑽，研修を経ながら，生涯をかけて目指すのが「保育力」です。だとすれば，実習生の段階では，保育者以前の「プレ保育力」を目指した学修が求められるのだと思います。「保育力を持った保育者」を目指すという目標を持ちながら，実際は，保育者の補助的な役割を担うプレ保育者として積極的に参加する姿勢，これを私たちは「実習力」と名付けました。

さあ，いよいよ保育現場で実習です。実習生に求められる「実習力」は，皆さん自身の積極的で前向きな心情・意欲・態度で向上するものです。この本を通して，実習生だからこそ身に付けたい知識・技能をスタートアップしましょう。

　本書の特色は，まず，多くの執筆者が保育現場の保育者として実習生の指導を担当してきたという点です。もちろん，養成校での教育・保育実習の指導を担当してきた経験も豊富です。実習生一人ひとりの不安や悩みを出し合い，充実した実習を積み重ねられるよう，願いを込めて執筆に当たってくださいました。

　また，各実習園のさまざまな保育形態，保育方法にも対応可能となるように，多様性のある事例を盛り込んでいます。本文の欄外には，「解説」「チェック！」「アドバイス」として，補足的な説明，確認事項，ワンポイントアドバイスを挿入しました。「実習力」を身に付けるための重要な学修ポイントとして注視し，活用してください。

　そして，実習の準備期，実習中，終了した後までという，実習期間を横軸で捉える「実習力」と，一日の実習をどのように過ごすかという縦軸で捉える「実習力」の，両方を意識したテキストに仕上がっています。

　今回，この「実習力」をテーマにした本書を完成できたのは，経験豊富な執筆陣の先生方によるご尽力の賜物です。また，本書の主旨をご理解いただき，常に実習生の気持ちを代弁し支えてくださった建帛社編集部に感謝を申し上げます。

　本書が，「保育力」を身に付けていくステップとして，まずは実習生の「実習力」のアップに貢献できることを，私たちは心より願っています。

2020 年 4 月

編著者を代表して　小泉裕子

目　次

実習生に求められる，活きて働く「実習力」

　皆さんは現在，幼稚園教諭，保育士，保育教諭などを目指して養成校などで精力的に学修し，教員免許状や保育士資格の取得に励んでいることと思います。この本は，保育者を目指す皆さんが，教育実習や保育実習に参加するための活きて働く知識や技能を身に付け，実習に対する有能感，期待感を向上させるための実習テキストとして編集しました。

　近年，子どもを取り巻く環境を受けて，幼児期の教育・保育に新たな局面が訪れています。保育者には「不易流行」が求められています。いつの時代にも変わらない「不易」の役割とともに，時代の変化に応じた「流行」の役割があり，研鑽・研修を通して日々の保育実践に工夫を重ねています。したがって，保育者の「たまご」である実習生にも，「不易流行」の役割を学び，これからの子どもたちを育てる当事者として働く知識や技能，すなわち「実習力」を身に付けてほしいと思います。

1. 保育者に求められる専門性としての「保育力」「実践力」

　現在の『幼稚園教育要領』，『保育所保育指針』，『幼保連携型認定こども園教育・保育要領』(以下，要領・指針)▶において，その特徴から，実習生が理解しておくべき近年の保育に関する動向を概観しましょう。

（1）幼児期の終わりまでに育ってほしい姿の共有化

　2017（平成29）年，中央教育審議会答申において，これまでの「幼児期の教育」という概念をさらに進め，幼稚園・保育所・認定こども園などでの就学前の教育・保育が，学校教育の始まりとして明確に位置付けられました。

　では，それまでとはどのような点で異なるのでしょう。それは，これらの園に通う子どもたちすべてに対し，そこに携わる大人たち（保育者，保護者，地域の人々ら）に共有されなければならない「育てたい子どもの姿」を，わが国が明確に示したところです。

🔖 チェック！

　『幼稚園教育要領』，『保育所保育指針』，『幼保連携型認定こども園教育・保育要領』は，内容を見直す形で2017（平成29）年3月に改訂（改定）が告示され，翌年4月より実施されています。

1

　通園する施設の法規上の管轄は違っても，学校教育の始まりとして幼児教育を行う施設のすべてにおいて，「育みたい資質・能力」，および「幼児期の終わりまでに育ってほしい姿」が共通になったということは，これまでの教育・保育の歴史になかった大きな特徴です。

　次に挙げる特徴は，皆さんの実習先である保育現場が注目しているポイントです。実習内容に直接関わる重要なことです。しっかりと理解しておきましょう。

（2）子どもの遊びに存在する「学び」に注目

　現在の要領・指針のポイントとして最も注目されるのが，「幼児期の終わりまでに育ってほしい姿」でしょう。幼児期の教育は，子どもたちの主体的な遊びを通して，その時期にふさわしい内容で展開されるものであり，また一人ひとりの子どもに応じた援助・指導が基本です。その理念は変わりませんが，「主体的な遊び」をことさら幼児期の教育の方法や内容として強調しているのは，一人ひとりの子どもの遊びの中に，かけがえのない「学び」の要素が含まれているからに他なりません。

　そのかけがえのない「学び」の要素を，保育者が丁寧にすくい取るとともに，子どもたちには，遊びを通した深い学びを実感させることが，保育指導上の大きな課題となっています。

（3）幼児期の教育・保育で培う「非認知的能力」に注目

　先に述べた子どもたちの，遊びの中にある深い学びと関連する能力の中には，今まで子どもの性格や傾向だと思われていたもので，能力とはみなされなかったものがあります。その中に，集中力，粘り強さ，挑戦する意欲，失敗にも負けない姿勢など，生きる力の基礎となる能力があります。これらを「非認知的能力」と呼び，保育者が改めて意識して育てる力として注目されています。これは世界的な動向にも合致しています。

（4）3歳未満児の保育（乳児，1，2歳児保育）に注目

　近年，保育所における3歳未満の園児数が増加傾向にあり，幼稚園などでも2歳児保育の需要が増えてきました。働く女性が増え，また，子育てをできるだけ多くの人たちの保育で支え合う仕組みが一般化してきました。従来の保育では，3歳未満の子どもには養護的な関わりに専心することばかりで，教育的関わりとは無縁の存在として認識されてきま

したが，近年の脳科学の進歩や幼児教育研究の動向から，乳児期の子どもに対する適切な教育的配慮や意識が必要なこともわかってきました。

現在の『保育所保育指針』などでは，幼児期につながる乳児期の発達を幼児教育的な側面から捉えることとなりました。まさに養護と教育の一体的な営みが本格的にスタートしたといえるでしょう。

（5）健康と安全に注目

乳児期から保育所などで育っていく子どもたちの健康状態の把握は親に任せるだけではなく，保育士らがむしろ中心となって総合的に行う必要があります。疾病や感染症から子どもを守るだけではなく，虐待の早期発見，アレルギー対応も必須となっています。子どもの「食を営む力」も家庭以上に保育所などで積極的に取り組むことも示されました。

近年は子どもが危険にさらされることも懸念されています。安全管理，危機管理，さらには大災害への備え・対策も新たな課題となっています。

以上のようなポイントは，現場の保育者にとっても実践上の課題であり，悪戦苦闘している現状だと思われます。

保育・教育を学ぶ皆さんが気になることは，こうした傾向を受けて，これからの実習生に求められる資質・能力はどのようなものであるかという問題ではないでしょうか。本書においては，実習の主体である皆さん自身が，養成校で学んだすべての知識や技術に，意欲・情熱というエッセンスを振りかけながら，実習という保育への登竜門を乗り越えることに焦点を当てた専門性，すなわち「実習力」を身に付けるべきであると考えています。

2. 実習生に求められる，活きて働く「実習力」

実習生は，本物の保育者を目指し模範としながらその補助的な行為を行い，アクティブラーニング（能動的学修）を重ねて学んでいく段階です。ゴールを目指してそのプロセスの中で学ぶ体験型の学修であり，そこで学ぶのにふさわしい意欲・姿勢・態度で参加するための「実習力」を目指すことが求められます▶。本書では，実習生に求められる力を「実習力」という言葉で表しています。その「実習力」を身に付けるための10箇条を以下に示します。

アドバイス

学生の段階では，プロの保育者の資質・能力を最初から身に付けている必要はありません。その資質・能力について，実習の場で吸収し，学び取っていく「実習力」を，まずは身に付けましょう。

3

「実習力」を身に付けるための 10 箇条

① 保育者を志す情熱

　実習生の中には，入学してから保育者を志す気持ちが定まらないまま，実習当日を迎える人がいます。ある園の園長先生から伺ったお話ですが，一番迷惑な実習生とは，保育職に就く希望がなく，動機も曖昧な実習生だそうです。実習先では，子どもたちと保育者が営む実際の日常生活が繰り広げられています。「なんとなく実習に来ました」という中途半端な気持ちで参加することは決して歓迎されない現場です。そして，その責任感とともに，最も期待されるのは，「保育者になりたくて実習に参加しました」という積極的な姿勢です。なりたいという気持ちさえあれば，技術が未熟であっても，実習生として歓迎されることでしょう。

② 生活者としての力，子どものモデルとしての態度・姿勢

　実習では，未熟ながらも一人の保育者（たまご）として，その責任を果たしながら職務を遂行しなければなりません。保育者としての技術は未熟であっても，その志は一人前であってほしいものです。また，保育者の専門性は，経験や研修などにより向上していくものですが，技術といわれない（今まで見えなかった）能力が，保育職には求められています。

　それが保育者自身の生活者としての能力であり，子どものモデルとなる態度・姿勢です。子どもは遊びと生活を通して学び，発達していくものであり，人的環境としての大人の影響を受けながら生活者としての力を身に付けていきます。規則正しい生活習慣，場にふさわしい服装や言葉遣い，挨拶や公共の中でのマナーなど，子どもたちの模範となる存在を目指してください。

③ 実習生にふさわしい人間性や倫理観

　筆者が，園長先生たちに「実習生に期待すること」というアンケートを実施したことがあります。その結果から多く得られたのは，「人間性や人としてのマナー，生活態度を有する人」という答えでした。人間性としては，明るさや謙虚な姿勢，柔軟性，真摯な態度などが期待されています。特に保育者としての部分では，子どもを理解する「共感的知性」，先輩や同僚との「協同性」を持っていることが大いに期待されます。また，倫理観では子どもに関する知り得た情報の秘密保持を徹底（守秘義務）することや，子どもたちを指導する大人としての道徳観，規範意識も問われています。

④ 事前準備を惜しまない Mind & Skills

　実習は養成校での授業と異なり，実際の保育現場での学びになります。したがって，机上での学びの成果を振り返り，理論的に理解していることを整理しておきます。実習での自己課題を確認することも重要です。

　実習オリエンテーションまでの準備，観察実習の方法の確認，実習日誌・記録のまとめ方の確認，責任実習の課題の確認，持ち物，服装，抗体検査や細菌検査の書類の準備も忘れないでください。準備を万端に整えて，実習を乗り切りましょう。

⑤ 失敗をプラスに変える Mind & Skills

　ここからは，実習に参加してからの姿勢について取り上げます。最近の実習生の傾向として，

「まじめだけれど，失敗を気にしすぎる」ということが指摘されます。たしかに実習では経験したことのない保育体験の連続であり，しかも，保育者として指導的立場になって実習することが中心になるため，どうしても失敗が重なってしまいます。子どもたちの前で「失敗は許されない」と思って，一生懸命に事前の準備をするのですから，失敗を回避したい気持ちは否めません。しかし，園の実習では，実習生の保育に対するフォローが万全となるように，また，実習生の未熟な保育をあらかじめ想定した実習体制（実習シフト）を組んでくださっています。実習生らしく，失敗を恐れるよりも，積極的に保育参加にチャレンジしていきましょう。失敗は成功のもととも言います。経験したことをしっかりと振り返り，次の行動につなげるプラスの姿勢を歓迎します。

⑥ 保育者から学ぶ Mind & Skills

　実習での学びの王道は，なんといっても指導担当保育者による，保育の Mind & Skills をしっかりと観察し実践し，修得することです。日々の保育の中で，先輩保育者を行動のモデルとして，見て学び，感じて学ぶ姿勢を発揮することが，専門的な資質能力を高めるための近道であることを忘れないでください。

⑦ 子どもと遊ぶ Mind & Skills

　子どもたちの遊びは，心と体が密接につながって展開されています。子どもたちが発想豊かでのびのびと柔軟に遊ぶことができるように，実習生として常に心掛けてください。そのためには，まず自分自身が子どもと同じように健康的で活発に遊びの中に溶け込んでいきましょう。

　その際子どもたちの遊びのモデルとなるよう，レパートリーを増やしていくことが望まれます。心と体と言葉を使って遊びの楽しさを子どもたちに伝えていきましょう。遊びながら，子どもとコミュニケーションを図り，あなたのやさしさ，温かさ，楽しさが伝わるとよいですね。

⑧ 保育を共感的に理解する Mind & Skills

　実習では，さまざまなことを観察し体験し，学びます。子どもの様子については，具体的な場面に関わり，一緒に遊び，生活を重ねながら理解していくことになります。例えば，「今日，AちゃんとBちゃんがダンゴムシを発見しました」という場面に遭遇したとします。

　その場にいたあなたは，AちゃんとBちゃんの様子を，行動だけでなく表情や会話から理解していくでしょう。あなたが，もし「先生はダンゴムシが嫌いよ」と声を出してしまったら，子どもたちはどうなるでしょうか。あなたの言葉次第で，子どもたちがせっかく興味を示し始めたことを，中断せざるを得なくなります。やはり，子どもの気持ちになって，共感的な姿勢で子どもを理解する姿勢が求められます。

　また，指導保育者が，自分の意見と異なる方法で指導が示されたときも，その指導を否定的に受け取るのではなく，保育者の視点に立ち，共感的に理解していく姿勢を持つことで，実習力を向上させていきます。

⑨ 保育実践を計画しトライする Mind & Skills

　実習では，保育を見て学ぶ受容的な学修ばかりではありません。数週間の実習期間中，幾度か部分実習や責任実習の機会が与えられます。

　指導計画を書き，指導者の助言や指導を受け実習を行うため，実習生にとっては気の重い課

題ともいえますが，見方を変えれば，ビッグチャンスでもあります。子どもたちと親しくなる
チャンスでもあり，保育者から専門的指導を受けるチャンスでもあるのです。しかも，数を重
ねるほどに，保育の Mind & Skills は確実に向上していきます。トライする積極性が，自らの
実習力を高めることにつながります。

⑩ 反省的実践を惜しまない Mind & Skills

実習では，ささいな反省から重大な反省まで，連続的に生じて尽きないものです。実習生の
反省には二段階あります。

第一段階は，「○○ができなかった」と，結果ばかりに注目し挙げ連ねる反省です。毎日こ
ればかりを取り上げていたら，実習生の成長する様子が見えてきません。実習生のほとんどが，
このような反省で終わりがちです。

では，反省の第二段階とはどのようなものでしょうか。「うまくいかなかった」という状況
を自覚するとともに，「なぜ，うまくいかなかったのか」，という自分の行為を客観的・分析的
に評価する視点を持つ段階です。

これは，「振り返りに基づく自己評価」という保育者に求められる専門的反省の段階です。
実習生であっても，自分の実践したことを丁寧に振り返り，どのように行ったか，なぜ失敗し
たと思ったか，どうしたら改善されるかなどと，自分の実践を対象化（可視化）する習慣を身
に付けることができれば，実習力もますます向上していくことでしょう。

「実習力」とは，実際の保育力に限りなく連続するための保育者の「た
まご」（プレ保育者）に期待される能力です。急激に，また，滑らかに
向上するものではなく，もしかするとゆったりとスパイラルで，あるい
はジグザグに向上するものなのかもしれません。一人ひとりの実習生が，
保育という豊かな魅力あふれる場で，実習を通した保育の理解に達成感
を持ち，自己肯定感を獲得できるよう願っています。

第1部
実習の前に

実習 01 実習の基礎知識

1. 実習の意義と目的を関係法規から理解する

　皆さんが取得しようとしている保育士資格，幼稚園教諭免許状は，保育職に就くために必携の国家資格です。わが国の教育制度の中でも，乳幼児期の教育・保育への期待は近年高まる一方です。

　0歳から就学前の子どもたちが，日中保護者と離れて生活をし，遊びを通した保育活動の中で，子どもたちに潜む潜在的な生きる力の基礎を育む教育・保育を担うために，保育者の質の高い専門性の養成が，昨今の課題となっているところです。

　わが国の保育者の養成は，大学・短期大学・専門学校などで2年以上をかけて養成教育を行う制度になっています。幼稚園教諭養成は大学などで「幼稚園教諭養成課程」を持つ学校として文部科学省より認可された教育機関で実施され，また，保育士養成も厚生労働省より指定された「指定保育士養成施設」において実施され，養成する制度として信用の高いものとして認められています（国家資格試験による取得方法もある）。

　保育者を養成する課程を持つ大学などの養成校は，それぞれ独自の保育者の養成課程を持っていますが，そのすべてが文部科学省や厚生労働省の示す養成課程の基準に従って作成されています。その中でも，幼稚園教諭養成課程における「教育実習」，保育士養成課程における「保育実習」の位置付けは，近年極めて重要になってきています。

　それぞれの法規的意義や目的について，まずは理解しましょう。

（1）幼稚園教諭免許における「教育実習」の意義と目的

　1876（明治9）年に日本で最初の幼稚園，東京女子師範学校附属幼稚園が開設された当時，保育職に就く保姆（当時の幼稚園教諭）の資格はまだ国家資格ではありませんでした。保育職が国家資格を有する専門職の路を歩み始めたのは，戦後の教育制度の改革以降であるといえます。

　1947（昭和22）年，戦後のわが国においては，『教育基本法』の制定

および『学校教育法』『学校教育法施行規則』の制定により，新たな保育制度が開設されました。幼稚園が，学校の一種として規定され，教員の名称も「保姆」から「幼稚園教諭」に変ったのもこの時からです。

教員免許状は，教員養成課程を持つ大学・短期大学などで一定の教育課程を履修し単位を修得することで取得できるようになっています▶。

幼稚園教諭免許状の取得課程で教育実習の実施が制度的にスタートしたのは，1949（昭和24）年の『教育職員免許法施行規則』が制定されてからです。現在での教員養成教育課程では，教育実習は次のように位置付けられています▶。

チェック！

幼稚園教諭免許を規定している法律名をチェック！

チェック！

「教育実習」の位置付けをチェック！

まとめると…
「教育実習は養成校と教育委員会，幼稚園が共同して次世代の教員を育成する機会」

○教育実習は，学校現場での教育実践を通じて，学生自らが教職への適性や進路を考える貴重な機会であり，今後とも大きな役割が期待される。教育実習は，課程認定大学と学校，教育委員会が共同して次世代の教員を育成する機会であり，大学は，教科に関する科目の担当教員と教職に関する科目の担当教員が共同して，教育実習の全般にわたり，学校や教育委員会と連携しながら，責任を持って指導に当たることが重要である。また，各大学は，教職課程の全体の中で，体系的な教育実習の実施に留意することが必要である。

○教育実習は，課程認定大学の教職課程の一環として行われるものであり，各大学における適切な対応を担保するため，課程認定大学は，実習校の協力を得て，教育実習の円滑な実施に努めることを，法令上，明確にすることが適当である。

中央教育審議会：今後の教員養成・免許制度の在り方について（答申），2006

（2）保育士資格における「保育実習」の意義と目的

保育士資格を取得する場合は，幼稚園教諭免許状の取得とは別の制度下において，基準が設けられています。

保育士資格は，2001（平成13）年の『児童福祉法』改正に伴う，保育士資格の国家資格化（第18条の4）により，保育士資格制度の整備が行われ，任用資格から国家資格となりました。現在の保育士養成については，厚生労働省雇用均等・児童家庭局長通知「指定保育士養成施設の指定及び運営の基準について」（2018（平成30）年）により，定められ，「保育実習」の役割の重要性が示されています▶。

チェック！

「保育実習」の役割をチェック！

「指定保育士養成施設の指定及び運営の基準について」を確認しよう。

> **保育実習実施基準**
>
> 第1　保育実習の目的
>
> 　保育実習は，その習得した教科全体の知識，技能を基礎とし，これらを総合的に実践する応用能力を養うため，児童に対する理解を通じて保育の理論と実践の関係について習熟させることを目的とする。

2. 免許・資格と実習の位置付け

　保育職に関連する国家資格である幼稚園教諭免許状，保育士資格には，保育者養成校で取得する場合と，国家資格試験や教員資格認定試験などを受けて取得する場合があります。

　双方の大きな違いは，保育現場で実際の保育体験を通して学ぶ「実習」制度の存在の有無と言っても過言ではないでしょう。前節で学んだように，保育者の養成校では，『教育職員免許法施行規則』や『指定保育士養成施設の指定及び運営の基準について』に基づいた，しかるべき基準の範囲で，各々の教育カリキュラムを作成しています。

　皆さんに必要な履修科目，単位数など，その基準を理解しましょう。

（1）幼稚園教諭免許と実習

1）免許の種類

　幼稚園教諭免許には，専修免許状（修士の学位を有するもの），一種免許状（学士の称号を有するもの），二種免許状（準学士の称号を有するもの，または文部科学省が指定する教員養成所に2年以上在学し所定の基準を取得）の3種類があります。

2）教育職員免許法施行規則に定められた履修科目と最低必要単位数

　幼稚園教諭の免許取得に関する規定は，『教育職員免許法』や，同法施行規則に定められています。幼稚園教諭免許の取得のために必要な科目は，表1－1のように示されています。各養成校において対応する科目群が開設されていますので，その科目を履修し単位を修得しなければなりません。

　『教育職員免許法施行規則』では，2018（平成30）年の改正により，全国すべての養成校で共通に修得すべき資質・能力を示した「コアカリキュラム」◀ が公表され，教育実習に関するコアカリキュラムの中に学

> ✎ **チェック！**
>
> 　「教職課程コアカリキュラム」の導入で，全国すべての大学の教職課程で共通的に履修すべき資質能力が示されました。実習後に，事後指導に加えて教職実践演習を必修化しています。この意義は大変重要です。

校体験活動も規定されることになりました。「教育実習」や「学校体験活動」は，養成校の責任において実施するものとされていますが，さまざまな事情を抱える幼稚園などの教育現場の協力に基づいて行われることが強調されています。

表1-1には，養成校などにおいて履修し修得すべき最低必要単位数が示されています。

表1-1　最低必要単位数

	各科目に含めることが必要な事項	専修	一種	二種
領域及び保育内容の指導法に関する科目	イ 領域に関する専門的事項 ロ 保育内容の指導法（情報機器及び教材の活用を含む）	16	16	12
教職の基礎的理解に関する科目	イ 教育の理念並びに教育に関する歴史及び思想 ロ 教職の意義及び教員の役割・職務内容（チーム学校運営への対応を含む） ハ 教育に関する社会的・制度的又は経営的事項（学校と地域との連携及び学校安全への対応を含む） ニ 幼児，児童及び生徒の心身の発達及び学習の過程 ホ 特別の支援を必要とする幼児，児童及び生徒に対する理解（1単位以上修得） ヘ 教育課程の意義及び編成の方法（カリキュラム・マネジメントを含む）	10	10	6
道徳，総合的な学習の時間等の指導法及び生徒指導，教育相談等に対する科目	イ 教育の方法及び技術（情報機器及び教材の活用を含む。） ロ 幼児理解の理論及び方法 ハ 教育相談（カウンセリングに関する基礎的な知識を含む。）の理論及び方法	4	4	4
教育実践に関する科目	イ 教育実習（学校体験活動を2単位まで含むことができる）（5単位） ロ 教職実践演習（2単位）	7	7	7
大学が独自に設定する科目		38	14	2
		75	51	31

解説

教育実習に関する科目群は，学外実習と事前事後指導，教職実践演習を合わせて7単位を履修します。

チェック！

学校体験活動についても，要チェック！

3)「教育実習」の規定

　幼稚園の教員免許状を取得しようとする場合は,「教育実習に係る事前及び事後の指導」の1単位を含み, 幼稚園または幼保連携型認定こども園での教育実習を経て5単位を取得します。

　『教育職員免許法施行規則』では,「学校インターンシップ（学校体験活動）を2単位まで含むことができる」というただし書きが付記されていますが, 養成校によってここの取り扱いは異なりますので, 所属する学校の履修規定をよく確認してください。

（2）保育士資格と実習

1）資格の種類

　保育士とは,「保育士の名称を用いて, 専門的知識及び技術をもつて, 児童の保育及び児童の保護者に対する保育に関する指導を行うことを業とする者をいう」（『児童福祉法』第18条の4）とする, 名称独占資格の一つです◀。資格の種類は1つですが, 取得の方法は, 保育士養成施設で取得する場合と国家試験で取得する場合の2つの方法があります。

2）履修科目と最低必要単位数

　保育士資格を取得できる「指定保育士養成施設」とは, 厚生労働省の課程認可を通過した養成校です。課程認可を得る基準として,「指定保育士養成施設の指定及び運営の基準について」（2018（平成30）年）が示され, この基準に従って養成校では, 科目を設置し養成を行っています。

3）「保育実習」の規定

　「指定保育士養成施設の指定及び運営の基準について」には「保育実習実施基準」が添えられています。これが「保育実習」（保育所および保育所以外の居住型施設等における実習）の根拠規定となっています。

　表1-2に示されているように, 実習前に必ず履修しなければならない事前指導科目は,「保育実習指導Ⅰ」（演習）です。この授業の単位数には, 実習後の事後指導が含まれています。

　保育士資格の最初の実習は「保育実習Ⅰ（保育所）」・「保育実習Ⅰ（居住型施設等）」といわれるものです。保育所と居住型施設等の実習に各12日間程度参加しなければなりません（実習の日数規定には養成校ごとに多少の違いはあります）◀。この実習期間の終了後, 実習の事後指導を受け, 実習の成果を整理し, 今後の課題をとりまとめるのも「保育実習指導Ⅰ」に含まれます。

解説

　1999（平成11）年4月の『児童福祉法施行令』の改正により「保育士」という名称に変更されました。

　そして, 2003（平成15）年11月の『児童福祉法』改正により, 名称独占資格（資格を持っている者のみ, その名称を名乗ることができる資格）として規定され, 国家資格化に!

チェック!

　保育実習のスケジュールは, 学修期間の違いや養成校ごとに異なります。詳しくは「実習3」を参照してください。

表1－2　指定保育士養成施設の指定及び運営の基準

児童福祉法施行規則で定められた保育士養成施設で履修すべき科目

系列	告示別表1及び2による科目	必修	選択必修	教養科目
保育の本質・目的に関する科目	○保育原理（講義2単位）	2		
	○教育原理（講義2単位）	2		
	○子ども家庭福祉（講義2単位）	2		
	○社会福祉（講義2単位）	2		
	○子ども家庭支援論（講義2単位）	2		
	○社会的養護Ⅰ（講義2単位）	2		
	○保育者論（講義2単位）	2	＊1	
保育の対象の理解に関する科目	○保育の心理学（講義2単位）	2		
	○子ども家庭支援の心理学（講義2単位）	2		
	○子どもの理解と援助（演習1単位）	1		
	○子どもの保健（講義2単位）	2		
	○子どもの食と栄養（演習2単位）	2		
保育の内容・方法に関する科目	○保育の計画と評価（講義2単位）	2		
	○保育内容総論（演習1単位）	1		
	○保育内容演習（演習5単位）	5		
	○保育内容の理解と方法（演習4単位）	4		
	○乳児保育Ⅰ（講義2単位）	2		
	○乳児保育Ⅱ（演習1単位）	1		
	○子どもの健康と安全(演習1単位)	1		
	○障害児保育（演習2単位）	2		
	○社会的養護Ⅱ（演習1単位）	1		
	○子育て支援（演習1単位）	1		
保育実習	○保育実習Ⅰ（実習4単位）	4		
	○保育実習指導Ⅰ（演習2単位）	2		
	○保育実習Ⅱ（実習2単位）		2	
	○保育実習指導Ⅱ（演習1単位）		1	この中から3単位
	○保育実習Ⅲ（実習2単位）		2	
	○保育実習指導Ⅲ（演習1単位）		1	
総合演習	○保育実践演習（演習2単位）	2	12	

＊1　「保育の本質・目的に関する科目」「保育の対象の理解に関する科目」「保育の内容・方法に関する項目」に該当する授業科目を，各養成校で設定し，その中から6単位以上履修しなければなりません。

　次の「保育実習」は，「保育実習Ⅱ」「保育実習Ⅲ」の中から2単位を履修します。もし「保育実習Ⅱ」を履修するなら「保育実習指導Ⅱ」の1単位を取って事前事後指導を終えることになります。「保育実習Ⅲ」を履修するなら「保育実習指導Ⅲ」の1単位を取り，事前事後指導を経て，「保育実習」の9単位の履修を終えます。

（3）幼保連携型認定こども園における保育教諭

　『就学前の子どもに関する教育，保育等の総合的な提供の推進に関する法律（通称認定こども園法）』（2006（平成18）年）において開設された新しい制度には，4つのタイプの認定こども園があります。その中でも「学校及び児童福祉施設としての法的位置付けを持つ単一の施設」として，「幼保連携型認定こども園」が創設されました。

　そしてそこに従事する保育者を「保育教諭」と定義しています。しかし，「保育教諭」には，特別な免許があるわけではありません。「幼保連携型認定こども園」は，学校教育と保育を一体的に提供する施設であるため，その職員である「保育教諭」は，「幼稚園教諭免許状」と「保育士資格」の両方の免許・資格を有していることを原則としています。

3. 実習先における実習生の一日を理解しよう

　わが国には，実習先となる幼稚園，保育所，幼保連携型認定こども園が数多く存在します。それぞれの概要は表1-3のとおりです。

　それらの園の中からわずか1〜2か所程度の園との出会いを通した実習になります。各園の特徴を理解し，その園の特徴にあった実習生の一日をイメージし，実習参加の準備を整えていきましょう。

（1）幼稚園の教育内容について

　わが国の幼稚園は，戦後，学校教育の一種として発展していきました。義務教育以上の学校と同様に，設置者には国立，公立，私立があります。設置者の種類によって，保育方針や保育内容に多様性があり，私立幼稚園では，教育方針や保育内容には独自な特色を有するものがあります。しかし，2016（平成28）年12月21日の中央教育審議会答申[1]において，幼児期の教育から「社会に開かれた教育課程」の実現を図っていくことが示されました。そこには，幼稚園など施設における保育を通して，子どもたちが成長する意義を地域社会全体で共有するための「学びの地図」として，『幼稚園教育要領』を活用することが強調されています。

　そういう意味でも，皆さんが教育実習（幼稚園）に参加するときは，『幼稚園教育要領（平成29年版）』を十分に理解しておくことが望まれます。

表1−3 保育所・幼稚園・幼保連携型認定こども園の制度

	保育所	幼稚園	幼保連携型 認定こども園
1. 根拠法令と機能	児童福祉法に定める児童福祉施設	学校教育法，教育基本法に定める学校	認定こども園法，教育基本法，児童福祉法に定める学校かつ児童福祉施設
2. 所　管	厚生労働省	文部科学省	内閣府・文部科学省・厚生労働省
3. 対　象	保育を必要とする乳児〜就学前の幼児，その他の児童	満3歳〜就学前の幼児	すべての乳児〜就学前の幼児
4. 設置者	規定なし（主に市町村・社会福祉法人）	国・地方公共団体・学校法人等	国・地方公共団体・学校法人・社会福祉法人
5. 設備・運営の基準	児童福祉施設の設備及び運営に関する基準	学校教育法施行規則第36〜39条，幼稚園設置基準	幼保連携型認定こども園の学級の編制，職員，設備及び運営に関する基準
6. 保育（教育）時間	1日8時間を原則とする。延長・夜間保育等の実施あり	1日4時間を標準とする。年間39週を下ってはならない	1日11時間開園，土曜日の開園が原則（弾力運用可）
7. 保育者の名称と資格・免許	保育士（保育士資格）	幼稚園教諭（幼稚園教諭免許状1種・2種・専修）	保育教諭（幼稚園教諭＋保育士資格）
8. 保育者の配置	0歳児　　　3：1 1・2歳児　6：1 3歳児　　20：1 4・5歳児　30：1	1学級35人以下	保育所に準じる 3歳以上児の教育時間は学級を編制し，専任の保育教諭を1人配置
9. 保育内容の基準	保育所保育指針	幼稚園教育要領	幼保連携型認定こども園教育・保育要領
10. 園（施設）数と利用状況*	・29,338か所 ・約216万人 （2018年4月1日現在）	・10,474園 ・約121万人 （2018年5月1日現在）	・4,474園 ・約60万人 （2018年4月1日現在）

＊文部科学省：幼児教育の現状，2019 による

（2）幼稚園における実習生の一日

　表1-4に示したように，わが国の幼稚園の教育内容は設置形態により特色がありますが，その中で，ある私立幼稚園の一日を例に取り，実習生の活動についてイメージしていきましょう（表1-5）。

表1-4　特色ある幼稚園の一日の流れ

一斉保育を特色とする幼稚園の一日		自由遊びを特色とする幼稚園		モンテッソーリ教育を特色とする幼稚園	
時間	4歳児の6月の一日	時間	4歳児の6月の一日	時間	4歳児の6月の一日
9：00	○登園	9：00	○登園	9：00	○登園
	・朝の挨拶，着替え，出席ノートシール貼り		・朝の挨拶，着替え，出席ノートシール貼り		・朝の挨拶，着替え，出席ノートシール貼り
9：15	○自由遊び（先生が準備した環境下で遊ぶ）	9：15	○自由遊び（好きな遊びを見つけて活動）		○自由遊び（好きな遊びを見つけて活動）
	・園庭遊び（砂場遊び，鉄棒，かけっこ，鬼ごっこなど）		・園庭遊び（砂場遊び，鉄棒，かけっこ，鬼ごっこなど）		・園庭遊び（砂場遊び，鉄棒，かけっこ，鬼ごっこなど）
	・室内遊び（ブロック，粘土，ままごと，絵本など）		・室内遊び（ブロック，粘土，ままごと，絵本など）		・室内遊び（ブロック，粘土，ままごと，絵本など）
10：00	○片付けからトイレまで	10：00	・仲間と継続している遊びに夢中になる		
10：15	○朝の集い（園歌，季節の歌などを合唱）		・子ども自身が遊具や道具を作り出し遊ぶ	10：15	○お祈りの会
	・当番活動（日付，出席確認）				・讃美歌を歌う，当番活動（日付，出席確認）
10：30	○設定保育（一斉保育）		・当番活動（当番の子どもは植物に水やり，動物の世話）	10：45	○リズム遊び（童唄遊び，季節のポエム）
	・時の記念日に向けて先生の用意した廃材を利用し，自分の創造的なアイデアで製作する	11：00	○集い	11：00	○主活動
			・遊んでいる中で，話し合いが必要な場合は，集まって話し合いを持つ。		・モンテッソーリ教具を使い，一人ひとりが課題に参加する（お仕事）
11：30	○片付け，トイレ	11：30	○片付け，トイレ	11：30	○片付け，トイレ
	○お弁当の準備，○絵本の読み聞かせ		○お弁当の準備，○絵本の読み聞かせ		○お弁当の準備，○絵本の読み聞かせ
11：45	○お弁当を食べる（お弁当の歌）	11：45	○お弁当を食べる	11：45	○お弁当を食べる（お祈り）
	・食事を楽しむ，好き嫌いせずに食べる		・食事を楽しむ，好き嫌いせずに食べる		・食事を楽しむ，好き嫌いせずに食べる
12：30	○片付け，トイレ，歯磨き	12：30	○片付け，トイレ，歯磨き	12：30	○片付け，トイレ，歯磨き
13：00	○午後の自由遊び	13：00	○午後の自由遊び	13：00	○午後の自由遊び
	・園庭遊び（砂場遊び，鉄棒，かけっこ，鬼ごっこなど）		・園庭遊び（砂場遊び，鉄棒，かけっこ，鬼ごっこなど）		・園庭遊び（砂場遊び，鉄棒，かけっこ，鬼ごっこなど）
	・室内遊び（ブロック，粘土，ままごと，絵本など）		・室内遊び（ダンス，ブロック，粘土，ままごと，絵本など）		・室内遊び（ダンス，ブロック，粘土，ままごと，絵本など）
13：30	○片付け，帰りの支度	13：30	○片付け，帰りの支度	13：30	○片付け，帰りの支度
13：45	○帰りの会（手遊び，絵本の読み聞かせと共に）	13：45	○帰りの会	13：45	○帰りの会
	・一日の振り返り，明日の予定		・一日の振り返り，明日の予定		・一日の振り返り，明日の予定
14：00	○降園	14：00	○降園	14：00	○降園

表1－5　ある私立幼稚園での実習生の一日（例）

時間	子どもの活動	保育者の援助・指導（例）環境構成	実習生の活動（例）
	登園前	・保育室内外の環境整備，安全点検	※1（清掃など） ・保育室，園庭の清掃を手伝う
9：00	○順次登園 ○着替え，自由遊び	・子どもの受け入れ，家庭の様子と健康状態の把握（視診）	※2（送迎） ・保育者の側に立ち，挨拶，子どもたちを迎える ・着替えの介添え，見守り
	○園庭や室内などで自由遊び～ ○片付け	・環境づくり，子どもの生活や遊びの様子を理解し，一人ひとりに応じた援助 ・安全管理，危機管理	※3（遊びの援助・指導） ・子どもと一緒に遊ぶ中で，様子を観察する（参与観察）。保育場面のエピソードなどメモにする ※4（報告）安全や危機管理に配慮し，気になることは保育者に報告，連絡，相談する
	○手洗い，うがい，排せつ	・衛生指導，生活指導など，生活習慣の指導を行う	※5（生活の援助・指導） ・保育者の指導に従い，子どもたちの手洗い排せつなどに同行し，様子を見守る ・衛生管理，危機管理を意識して援助行動を行う
10：00	○朝の会	・朝の会実施・保育の活動のスケジュールを話すなど	※6（設定保育や主活動場面） ・一人ひとりの子どもの心情に触れ，共感的に受け入れるとともに，保育者の保育の意図を理解し，指導の下で補助的な役割をする
	○クラスでの主活動（例：設定保育型「製作」）	・設定保育の導入，製作指導・製作のまとめ（製作の喜びや達成感を味わわせる，など）	
11：30	○手洗い，排せつ ○昼食の準備・支度	・昼食の時間のための環境整備を行う（テーブルの配置，清潔な環境） ・子どもたちの衛生指導（手洗い排せつ）	※7（昼食時間） ・食卓の配置，衛生管理（水拭き）など手伝う ・お弁当を食べる前に部分実習「絵本の読み聞かせ，手遊び」などをすることもある
11：45	○お弁当を食べる	・食育指導を行う（園毎に異なる） ・子どものお弁当内容をチェック，食物アレルギーのチェック，食べる量など様子を把握する	※8（食事の場合） ・子どもたちと一緒に楽しく食べる ・子どもたちの食べる様子の理解，保育者の指導に従い，個人差に応じた援助をする ・緊急時は保育者に報告する
12：30	○片付け，歯磨き，排せつ	・順次歯磨きや排せつの指導を行う。 ・食事の様子，気になる子どもの把握	※5（生活の援助・指導）に同じ
	○午後の自由遊び 片付け，帰り支度	・環境づくり，子どもの生活や遊びの様子を理解し，個の配慮・安全指導	※3（遊びの援助・指導）に同じ
13：45	○帰りの会	・「帰りの会」をする。子どもたちと一日の保育活動を振り返る ・保護者への連絡事項を確認する	※6（設定保育や主活動場面）に同じ ・部分実習「絵本の読み聞かせ」をすることもある
14：00	○降　園	・園での子どもの様子を伝えながら，保護者とコミュニケーションを図る	※2（送迎）に同じ ・通園バスなどに乗り込むこともある
	○降園後	・保育環境の整備（清掃）と，保育の振り返りを行う ・保育の準備を行う ・実習生の指導・助言を行うなど ・預かり保育の子どもたちについて，出席把握を行っておく	※9（振り返り） ・保育室内外の清掃を行う。保育の準備の手伝いを行う ・保育者から一日の実習について，指導・助言を受ける（園により適宜）
	○預かり保育		・預かり保育に参加する。保育者の指導に従い補助的な役割を担う

※1～9は実習生の活動パターン

アドバイス

　実習生は，どんなときも保育者の指導に従って行動します。実習生の独断で行動することはできません。
　「臨機応変な対応」との違いに注目してみましょう。

アドバイス

　掃除や送迎に参加したり，事務的な仕事にも積極的に！

（3）保育所の保育内容について

　幼稚園だけでなく，保育所もそれぞれの園に特色や保育方針があり，園の規模や地域性などにより，保育のあり方はさまざまに異なっています。しかし，すべての保育所に共通する保育の目標は，『保育所保育指針』に示されているように，子どもの保育を通して，「子どもが現在を最も良く生き，望ましい未来をつくり出す力の基礎を培う」ことと，子どもの保護者に対し，その援助に当たるということに集約されます。

　乳幼児期は，生涯にわたる人間形成にとって極めて重要な時期です。保育所は，子どもたちの「現在」が，心地よく生き生きと幸せなものとなるとともに，長期的視野をもってその「未来」を見据えたとき，生涯にわたる生きる力の基礎が培われることを目標として日々の保育を行っています。保育士は子どもの現在のありのままを受け止め，その心の安定を図りながらきめ細かく対応するとともに，一人ひとりの子どもの可能性や育つ力を認め，尊重することがその専門性の基礎にあります。

　保育所の一日の流れの例を，表1-6に示します。

チェック！

　実習先保育所のデイリープログラムは園によってさまざまです。年齢ごとのプログラムは，実習先のオリエンテーションで確認しましょう。

表1-6　公立（F市）の保育所の一日の流れ

時間	0歳児の一日	時間	1歳児の一日	時間	2歳児の一日	時間	3, 4, 5歳児の一日
7：00	登園開始	7：00	○登園開始	7：00	○登園開始		○登園開始
9：15 9：45	・観察 ○遊び ○おやつ ○遊び	9：15	・観察 ○遊び ○おやつ ○遊び	9：15	・観察 ○遊び ○おやつ ○遊び		・観察 ○遊び 自由遊び（好きな遊びを見つけて園内・外で活動）
10：50	○離乳食 ○遊び ※0歳児は一人ひとりの生活リズムに合わせて睡眠をとります	11：00 12：00 14：30	○食事 ○午睡 ○めざめ	11：10 12：20 14：20	○食事 ○午睡 ○めざめ	11：30 12：30 14：20	○食事 ○午睡（休憩） ○めざめ
15：10	○遊び	15：00 15：15	○おやつ ○遊び 室内遊び	15：10 15：20	○おやつ ○遊び 室内遊び	15：10 15：20	○おやつ ○遊び 園内・外で遊ぶ
17：00	○降園	17：00	○降園開始	17：00	○降園開始	17：00	○降園開始
			※保護者のお迎えを待つ時間　　自由に遊ぶ				
19：00	○全員の降園が終了	19：00	○全員の降園が終了	19：00	○全員の降園が終了		○全員の降園が終了

（4）保育所における実習生の一日

　ここでは幼稚園との違いに着目して，養護的関わりが主となる0，1歳児クラスに入った実習生の一日を見てみましょう（表1-7）。

表1-7　ある民間保育所での実習生の一日（0，1歳児クラス例）

時間	子どもの活動デイリープログラム	保育者の援助・指導（例）環境構成	実習生の活動（例）
6：30	○早朝保育	・保育室内外の環境整備，安全点検	※1（清掃など）・保育室，園庭の清掃を手伝う
8：00	○保護者と登園 ○検温 ○水分補給	・家庭での様子などを聞きながら，健康状態の把握（視診） ・おむつの交換，検温，個々の体調に合わせ水分などを与える	※2（受け入れ，視診）・保育士の側に立ち，笑顔で挨拶をして子どもたちを迎える ・着替えの介添え（おむつの交換を手伝う） ・検温，水分補給の補助をする
8：30	○室内などで自由遊び～	・遊びの環境づくりをしながら，子どもの遊びの様子を理解する ・一人ひとりの子どもの様子を見ながら，楽しく安全に遊べるように声を掛ける	※3（遊びの援助・指導）・子どもと一緒に遊ぶ中で，様子を観察する（参与観察）。保育場面のエピソードなどメモにする ※4（報告）安全や危機管理に配慮し，気になることは保育者に報告，連絡，相談する
9：30	○補食・おやつ ○おむつ交換 ○遊び ○授乳 ○外気浴，日光浴 ○個別指導 ○水分補給 ○午睡 ○おむつ交換	・乳児の健康面に気を配り，常に環境が衛生的，安全，心地よいかなどに留意し，生活の自立を援助・指導する ・水分の補給，補食（おやつ），授乳，おむつの交換は，個々の乳児の実態に応じて適宜行う ・午睡の際は，突然死症候群を常に確認，心地よい睡眠状態に留意する ・進んで外気浴，日光浴を行う	※5（生活の援助・指導）一人ひとりの様子，活動が異なるため，保育所の援助を観察し，指示に従って補助的に動く ・衛生，健康的かどうかを大切にしながら，発達の自立を促す補助を行う ・一人ひとりの子どもの実態に応じて，優しく声を掛けながら，丁寧な個別援助をする （食事）保育士が行う援助を参与観察し，援助を手伝う
10：50	○食事 ○着替え ○遊び ○授乳	・赤ちゃんに合わせ，食品や調理形態などを工夫して援助する。食物アレルギーへの配慮，栄養士との連携 ・授乳の際，ゆっくりと抱き，微笑みかけ，優しい声を掛けながら対応	・食物アレルギーの情報を確認し，食事の介添えをする。食べる量などの様子を確認し，保育士に報告する，など （授乳）保育士，保健師の指導に従い，衛生面に気を配りながら，赤ちゃんが飲みやすい適温のミルクを作ることを学ぶ
	○午睡 ○おむつ交換	・午睡の際は，突然死症候群の症状がないか常に確認し，心地よい睡眠状態であることに留意する ・おむつ交換の際大便がでていたら，温かいシャワーで身体を清潔にする	（午睡）赤ちゃんに寄り添い，眠りに入りやすいように援助する。 ・突然死症候群の兆候がないか，快適な睡眠がとれているかを保育士の指導に従い確認する （着替え）身体を清潔にすることなど手伝う。介添えをする。 （おむつ交換）尿や大便の状態を把握することを学ぶ。衛生綿や温かいシャワーなどを使用する手伝いを行い，からだを衛生的にすることを学ぶ

アドバイス

養護的関わり

　0，1歳児は，養護的な関わりがほとんどです。愛情豊かに，ゆったりと個別的な援助をしましょう。

アドバイス

　保育士の指示に従い，「生命の保持，安全管理」を心掛けましょう。実習生の勝手な判断は危険！

アドバイス

乳児の対応の特徴

　授乳，おむつ替え，着替え，午睡対応は，乳児特有の援助スキルが求められます。これは子どもの生命の維持に直接関わるスキルです。実習校の授業以外にも，経験・体験学習で基礎力を付けておきましょう。

	子どもの活動 デイリー プログラム	保育者の援助・指導（例） 環境構成	実習生の活動（例）
14：00	○遊び	・昼食の時間のための環境整備を行う（テーブルの配置，清潔な環境） ・子どもたちの衛生指導（手洗い排せつ） ・お弁当の支度をさせる	※5（生活の援助・指導）に同じ （遊びの指導）絵本の読み聞かせ，手遊び，など子どもの状況に合わせて実施する
15：00	○補食（おやつ）	・食育指導（楽しく食べる，好き嫌いしない，ゆっくり噛んで食べる）など	・保育士の指導を受け，食べる様子を観察し，個々に応じた保育援助を行う ・水分補給などに留意する
16：00	○保育室移動 ○おむつ交換，授乳	・降園の前に，最後のおむつの交換，水分の補給，授乳を行う ・一日の生活や遊びを振り返り，子どもの様子の最終チェックを行う	・保育士の行う降園の支度を補助する ・降園前の子どもの様子（体調，生活の実態など）を，保育士準じて確認をする ・室内の清掃，遊具などの整理整頓を行う
17：00	○保護者と降園	・お迎えに来た保護者に，子どもの一日の様子をわかりやすく報告をする ・保育所で行った保育の意図を保護者にわかりやすく伝え，子どもの養育を相互に連携する大事さを伝える	・保育士が保護者に伝える様子を観察し，保育士の子育て支援の役割を学ぶ ・手があき次第，室内外の整理整頓，掃除を行う。清掃は，安全管理・衛生管理に留意しながら丁寧に行う
18：00	○延長保育	・（担当者の変更あり）登録された子どもを対象に，延長保育を行う ・子どもに過度の負担を与えないよう，健康面や精神面への配慮を心掛ける	※1（清掃など）に同じ ・延長保育の補助的役割を担当することもある。子どもの体調面，心理面の変化や負担に注意し，保育士の指示に従い保育援助を行う
19：30	閉門	・園内，園庭などの環境整備を行う ・明日の保育の準備，打ち合わせを行う ・適宜，実習生への指導・助言を行う	・適宜，担当保育士と実習の振り返りを行い，指導・助言を受ける（保育士の都合により，時間帯はさまざま） ・自宅に帰る前に，一日の保育を振り返り，実習日誌に記載する資料を整理する

※1〜5は実習生の活動パターン

（5）幼保連携型認定こども園の教育・保育内容について

　幼保連携型認定こども園は，幼稚園と保育所の機能や特徴を併せ持ち，地域の子育て支援も行う施設です。0歳から小学校就学前までの園児が在園し，保護者の就労その他の家族の生活形態などを反映した状況によって，園児一人ひとりの入園時期や在園時間などは異なります。

　保育の指針としての『幼保連携型認定こども園教育・保育要領』では，特に配慮すべき事項を十分に踏まえた上で，教育および保育を行うことが示されています。園児の保護者に対する事項について，多様な生活形態の保護者に対する教育および保育の活動等への参加の工夫・保護者同士の相互理解や気付き合い等への工夫や配慮，保護者の多様化した教育および保育の需要への対応等が重要な配慮事項となっています。

1）認定こども園の2つの特徴

① 3〜5歳の子どもは、保護者の働いている状況に関わりなく教育・保育を一緒に受けます。保護者の就労状況が変わっても、通いなれた園を継続して利用できます。

② 子育て支援の場が用意されていて、園に通っていない子どもの家庭も、子育て相談や親子の交流の場などに参加できます。

2）「認定」を受ける必要性〜子どもの利用時間と認定の種類〜

「子ども・子育て支援新制度」では、認定こども園や保育所、幼稚園などを利用する場合、「認定」を受ける必要を規定しています。利用に係る「認定」とは、子どもの利用時間によって種類が異なります▶。

認定には、以下のとおり、1号認定、2号認定、3号認定がありますが（詳細は表1−8参照）、1号認定と2号・3号認定との大きな違いは、保育を必要とする要件の有無になります。保育を必要とする要件とは、保護者の就労や就学、病気、介護、出産、求職活動などの理由により常態として家庭での養育が困難な場合を指し、「集団生活をさせたい」や「幼児教育を体験させたい」などは含まれません。

1号認定：3〜5歳で教育を希望する子ども（教育標準時間認定）。

2号認定：3〜5歳で、保護者の就労などにより、保育を必要とする子ども（保育認定）。

3号認定：0〜2歳で、保護者の就労などにより、保育を必要とする子ども（保育認定）。

また、それぞれの認定によって利用できる時間が異なります。教育標準時間認定（1号認定）では教育標準時間がおおむね1日4時間ですが、

> ✄ チェック！
>
> 幼児クラス（1号，2号認定）の保育環境に注目しましょう。
> 特に、教育時間以降（14時以降）の2号認定の子どもの心理的・身体的な側面への配慮が特徴的です。

表1−8 子ども・子育て支援新制度における子どもの認定区分

認定区分	給付の内容	利用定員を設定し，給付を受ける施設・事業
教育標準時間（1号）認定子ども 満3歳以上の小学校就学前の子どもであって、2号認定子ども以外のもの	・教育標準時間	幼稚園 認定こども園
保育（2号）認定子ども 満3歳以上の小学校就学前の子どもであって、保護者の労働または疾病その他の内閣府令で定める事由により家庭において必要な保育を受けることが困難であるもの	・保育短時間 ・保育標準時間	保育所 認定こども園
保育（3号）認定子ども 満3歳未満の小学校就学前の子どもであって、保護者の労働または疾病その他の内閣府令で定める事由により家庭において必要な保育を受けることが困難であるもの	・保育短時間 ・保育標準時間	保育所 認定こども園 小規模保育など

保育認定（2・3号認定）では保育の必要量（保育を必要とする時間）に応じて，保育短時間（8時間），保育標準時間（11時間）に分類されます。

なお，幼保連携型認定こども園には，1号認定，2号認定，3号認定のすべてが入園できますから，子どもへの細かい配慮をそれぞれの違いを理解した上で実習に取り組む必要があります。

認定こども園では，認定の種類に応じた保育を利用します。その一般的な保育の一日を，表1-9に示しました。

表1-9　幼保連携型認定こども園の一日

3，4，5歳児		時間	0，1，2歳児
1号認定（保育必要なし）	2号認定（保育必要）		3号認定（保育必要）
（早朝保育）	○保育標準時間の子ども 　順次登園（早朝保育）	7：00	○保育標準時間の子ども 　順次登園（早朝保育）
○順次登園	○保育短時間の子ども 　順次登園	8：30	○保育短時間の子ども 　順次登園
○体操，○朝の集まり 教育課程に基づく，教育（保育）活動を行う ○給食		9：00	○体操，朝の集まり ○（0，1歳）おやつ，○自由遊び ○給食 ○午睡（お昼寝）
		11：00 11：45	
○降園（預かり保育開始）	○休息・午睡	13：30	
○おやつ ○遊び ○一日の終わりの会		15：00	○おやつ ○遊び ○一日の終わりの会
○預かり保育終了，降園	○保育短時間の子ども降園	16：30	○保育短時間の子ども降園
夕方延長保育利用者 （延長保育開始，随時降園）	○保育短時間の子ども降園 （自由遊び，随時降園）		○保育標準時間の子ども 　（自由遊び，随時降園）
	○保育標準時間の子ども （延長保育開始，随時降園）	18：00	○保育標準時間の子ども （延長保育開始，随時降園）
○閉園時間		19：00	○閉園時間

3）幼保連携型認定こども園の実習生の一日

幼保連携型での実習では，1号認定，2号認定，3号認定のうち，どのクラスの配置されるかで実習生の役割も変わってきます。仮に，1号認定に配属が決まった場合は，幼稚園教育実習生の一日に準じた動きになります。2号認定は，保育所の幼児クラスの実習生と同様であり，また，3号認定は保育所の乳児クラスと同様の配慮が求められます。

4）認定こども園特有の実習生の課題

　幼児では，おおむね14時頃までのクラス活動は1号認定と2号認定が合同になっています。園によっては，午後の時間帯でクラス活動を分けて実施している場合など若干の違いもありますが，基本的にどちらの子どもも教育標準時間として幼児期の教育活動を経験しています。

　14時頃になると，1号認定は保護者のもとに降園しますが，2号認定は引き続き保育を必要とするため，夕方まで保育活動が継続されます。

　つまり，2号認定の子どもは1号認定の子どもが保護者とともに降園する場面を見かけることになりますから，保育者は2号認定の子どもの心理的側面に配慮した保育援助が求められることになります。また，この点を配慮する意味から，降園前の時間帯であえてクラス活動を分けて取り組んでいる園もあります。

　いずれにしても，実習生は，このような環境変化に伴う子どもの心情を理解し，保育者の指導に従って保育補助を行わなければなりません。保育所実習と同様に，一人ひとりの子どもの状況に応じ，養護と教育の一体的な保育援助を心掛けましょう。

4. 実習先は子どもたちにとって「生活・遊び・学び」の場

　実習生にとって，実習での学びの目標は，①園における教育や保育活動の観察・参加実習を通し，保育全般に関する認識と理解を深めること，②保育者の基本的な心構え，態度を研修し，その使命感にあふれ，将来の保育者としての資質を高めることに集約されます。しかし，そこは子どもたちにとっては，毎日が生活や遊びを通して学ぶ生きる場所です。生きる力の基礎を育む場所（聖地）ともいえるでしょう。そのために，皆さん自身が，責任のある態度で誠実に実習に参加することは大変重要な姿勢であることはいうまでもないでしょう。

（引用文献）
1）中央教育審議会：「幼稚園，小学校，中学校，高等学校及び特別支援学校の学習指導要領等の改善及び必要な方策等について（答申），2017.

（参考文献）
・小泉裕子・田川悦子編著：幼稚園実習・保育所実習の Mind & Skill，学芸図書，2008.
・二階堂邦子編著：教育・保育・施設実習テキスト〔第4版〕，建帛社，2019.

実習 02 実習の心得

1. 動機を持つことの意味

(1) 原点に立つこと

保育者養成校で学ぶ皆さんは, 保育の道を目指すにあたってどのような夢や希望を抱いて入学されたのでしょうか。「子どもが好き」,「○○先生のように子どもの気持ちに寄り添える保育者になりたい」など, さまざまな動機があると思います。実習は, 保育者を目指す学生が最初に出会う保育の場です。幼児期の思い出, 職業体験学習やボランティアで出会った保育者や子どもたちの姿をまず整理しましょう。

保育者を目指した原点に立ち戻ることにより, 実習生として, 子どもの前に立つことの意味や期待が見えてくるのではないでしょうか。

(2) 学びの振り返り

入学後, 学生の皆さんは保育や子どもに関する専門的知識や, 子どもと関わっていくために必要とされる技能を学んできました。学びの過程で,「子どもの前で披露してみたい」,「保育の場ではどのように実践されているか知りたい」などと思われたのではないでしょうか。これらの思いこそが, 実習に臨む第一歩につながります。

学んだことを保育に関連付けて考えてみたり, 子どもと関わる自分自身の姿をイメージしてみたりする, このようなことの繰り返しの中に, 実習に対する前向きな気持ちが培われます。

2. 実習の目標と課題

(1) 実習の目標

目標という言葉を調べると「そこまで行こう, なしとげようとして設けた目当て」(大辞林・三省堂)とあります。実習の目標は, 実習中学

びたいこと，取り組みたいことなどの総称といえます。目標には、養成校より示された実習のねらいや目標と，学生自身が設定した目標とがあります。例えば「実習園の役割や機能を具体的に学ぶ」や「観察や子どもとの関わりを通して子どもへの理解を深める」，「養成校で学んだ知識や技能と実践との関係を理解する」など，シラバス上に示されています。

　これらのことを理解した上で，自己の実習目標を課題として設定しましょう。

（2）実習課題の意義と内容

　実習中は，学びの対象が多く，あれも学びたい，これも大切と思っているうちに実習が終了してしまうことも珍しくありません。実習の目標やねらいがあいまいにならないために，また実習が効果的な学習経験の場となるよう，学びの視点を明確にする必要があります。学びの核となるのが実習課題です。実習課題は，実習中，中心的に学びたいことを関係者に表明したものでもあります。例えば，「子どもの遊びに加わることを通し年齢ごとの遊びの様子を学ぶ」や「トラブルが起こった際，保育者がどのような対応をするのか，関わり方について学ぶ」など，実習課題は実際に保育に参加しながら，子どもや保育者から学ぶことができる内容にします。「実習中は○○を頑張る」や「実習中は積極的に行動する」といった表現は実習課題というより，実習に対する意気込みです。積極性も頑張ることも大切ですが，これらは自分自身に向けたメッセージです。実習課題は，保育の場でしか学べない保育者や子どもの活動，保育の姿から学ぶという，対象に向けたメッセージといえます▶。

3. 実習生に期待される資質

（1）笑　　顔

　日本の幼児教育の基礎を築いた倉橋惣三は，保育者に求められる資質として，著書『育ての心』の中で「不平不満の人ほど，子どもの傍らにあって有毒なものはない。その心は必ずや額を険しからしめ，目をとげとげしからしめ，言葉をあらあらしからしめ…」と記しています。実習生は緊張のあまりに笑顔が少なく，厳しい表情になることを指摘されることもあります▶。実習生に求められる資質として大切なことは，さわやかな笑顔です。日頃から自然な笑顔を心掛けましょう。あなたの笑

顔は，子どもたちに安心感を与え，子どもとの関係が深まることでしょう。

　実習した学生から「私の実習した園は，先生方の笑顔が絶えない園でした。先生方のチームワークや雰囲気もよく，子どもたちも伸び伸びしていて楽しそうでした」と笑顔の大切さを学んだという報告がありました。笑顔はその場の雰囲気を和らげ，人と人との関係を豊かにします。

（2）謙虚に学ぶ態度

　実習は養成校における学びの集大成でもあります。養成校で得た知識や技術で，自信を持って実習に臨む準備ができていることと思います。子どもから学ぶ，保育者から学ぶ，学びの場を提供していただいているという謙虚な態度が求められます。

　実習園はさまざまな理論や方法の下に保育が展開されています。保育者はそれぞれ，ねらいや意図を持って保育にあたっています。また，実習生には未来の保育者として保育にあたってほしいという思いで指導してくださっています。どんなこともまずは謙虚な姿勢で学び受け入れることが大切です。

（3）積極的・意欲的な態度

　実習園から「最近の実習生は，子どもに寄り添うことはできるけれど子どもと積極的に遊ぶ姿が少なくなった」という声を聞きました。子どもの遊びに参加し一緒に汗を流し楽しむという姿が少なくなったのでしょうか。それとも「寄り添う」という言葉が一人歩きしてしまったのでしょうか。子どもと生活を共にするという態度が求められます。

> **アドバイス**
> 　寄り添うこともちろん大切ですが，一緒に遊ぶことで見えてくる子どもの姿もあります。

　「絵本，読んでみませんか？」と声を掛けられる前に「させて下さい」，仕事を与えられる前に「しましょうか？」と声を掛けることができるでしょうか。園生活の流れを早く覚え，自ら行動できるようにしましょう。主体的な態度が積極性や意欲につながります。

　保育者が子どもと関わっている様子を観察し，その意図がわからなかったり，子どもの行動を観察し疑問に思ったりしたことなどを積極的に質問できるでしょうか。実習で大切なことは，学びたい，経験したいと，常に前向きな意欲を持つことです。授業中発言する，質問する，学校生活全般においても参加・協力的な態度で臨んでいるでしょうか。日頃の学校生活が実習でも問われます。また，実習の目標や課題を明確にすることからも，学びに対する意欲や積極的な態度が生まれます。

4. 実習生に期待される「実習力」

（1）社会人としての適切な習慣・態度（マナー）

1）挨拶をする

コミュニケーションの始まりは挨拶です。「おはようございます」，「ありがとうございました」，「どういたしまして」など，さまざまな挨拶言葉があります。同僚や保護者，保育を支えて下さる地域の人々との挨拶は，良好な人間関係をつくるために必要な行いとなります。誰に対しても明るく気持ちのよい挨拶ができることは，周りの人々との信頼関係を築く第一歩です。相手に伝わる挨拶を心掛けましょう。言葉による挨拶のみでなく，「おじぎをする」など気持ちを態度で表すことも大事です。

2）時間を守る

体調管理をしっかり行い，常に明るい態度で仕事に臨む姿勢が求められます。そのためには，日頃から規則正しい生活を心掛けることが大切です。また，余裕を持って出勤することも社会人としての必須条件です。少なくても10分前には到着し，仕事ができるよう気持ちを整えておく必要があります。出退勤のみではなく，決められた時間内に仕事を終える，会議などの開始時間に遅れないなどは，社会人として必要なルールです。ルールを守れない人は信頼を失います。

3）提出期限を守る

日頃からレポートやさまざまな書類の提出期限を守っているでしょうか。実習に必要な書類，実習日誌，指導案など，提出期限が決められています。学生生活において，提出期限を守らない場合，不利益を被るのは自分自身です。しかし，書類の提出遅れは，園全体の運営に大きな影響を与えたり，保護者に対して不利益を被らせてしまうことにつながります。社会人として，日頃から提出期限を守ることを心掛けましょう。

4）責任感を持つ

保育者の職務は，子どもの命を守り育てる，という大変責任の重い仕事です。子どもと生活を共にし，保育の一部に参加する実習生も，関わっている子どもの安全を第一に考えなければなりません。こうした子どもに対する責任感は，当然実習生にも求められます。

仕事に対する責任ある態度は，時間を守る，期限を守る，体調管理をするなど，あらゆる行為に結び付きます。

（2）職務内容や資質を学ぶ積極性，情熱，柔軟性，臨機応変さ

1）積極的な態度

実習は保育者としての第一歩です。養成校で学んだ知識や技術を実践の場で活かすまたとない機会です。学んだことを整理し，実践できるよう事前準備をしっかり行いましょう。得意な手遊びや歌，ゲームや絵本の読み聞かせなどを身に付け実践できるようにしておきましょう。

準備がしっかりできていれば，自信を持って，主体的に実習に取り組むことができます。また，実習課題や目標を明確に持つことで，保育者に質問したいことも見えてきます。積極的に実習に取り組む姿勢は，事前準備の中から生まれます。

毎日の反省会で，その日の出来事について質問できるでしょうか。子ども同士のトラブルの対応，保育の展開方法，環境構成のあり方など，質問をすることで学びが深まります。

2）保育に対する情熱

「保育者になりたい」，「大好きな子どもの成長に関わりたい」など，強い希望を抱いて保育者への道を歩んでいることでしょう。これこそが保育に対する情熱です。子どもをいとおしむ気持ち，育てようとする心意気，仕事に対する責任感など，実習の場で子どもの前に立つことで，改めて「保育者への情熱」を感じることでしょう。

実習中は，指導して下さる保育者から「保育者としての生きがいや喜び」を学ぶことでしょう。また，一心不乱に遊ぶ子どもの姿，つぶやき，しぐさ，笑顔などから保育者としての喜びを感じることでしょう。職業としての保育者ではなく，子どもに寄り添う仕事として，保育に対する情熱を持ち実習に臨みましょう。

3）柔　軟　性

実習生を受け入れる幼稚園や保育所，認定こども園は，それぞれの保育理念に基づいて特色ある保育を展開しています。保育に対する考え方も多様です。養成課程にある実習生は，多様な考え方をまずは受け入れる必要があります。批判的な態度をとるのではなく，まずは多様性を柔軟に受け入れることが大切です。

4）臨機応変さ

保育は計画に基づき展開することが基本ですが，計画通りに保育が進められるわけではありません。子どもの興味や関心により予期せぬ方向に進むこともよくあります。実習生に臨機応変な態度を求めることは簡単ではありません。子どもの様子を見ながら保育を進めている保育者の

姿を観察することで，計画と実践の関係を学ぶことができます。

臨機応変な対応は，「子どものニーズを読み取る力」を身に付けることから始まります。そうするためには経験の積み重ねが必要となります。実習中に経験した出来事を記録として残しておくことを心掛けましょう。

（3）子どもたちとの関わり▶

1）保育者としての自覚

実習生であっても，子どもの前に立つときは「先生」であることを自覚しましょう。身だしなみや言葉遣いは，子どもにとってモデルとしてふさわしいものとなっているでしょうか。すべての子どもたちと，公平な態度で接することができるでしょうか。子どもの言うままになったり，かまいすぎたりすることはないでしょうか。実習生にとって，積極的に関わりを持とうとする子どもはありがたい存在です。しかし，一緒に遊びたくても声を出すことができない子どもの存在も忘れてはなりません。

服装は，子どもの安全に配慮したものとなっているでしょうか。爪は短く切っているでしょうか。子どもを傷つけるおそれのあるアクセサリーを身に付けていないでしょうか。

遊びに夢中になっている子どもの姿から，子どもを理解しようとする態度も大切です。日々展開される保育の営みの中には，さまざまな出来事が満載です。いつも「なぜだろう」，「どうしてだろう」という視点で子どもの姿を追っていくと，新たな発見や気付きがあると思います。

子どもの姿を的確に捉えようとする目が実習生にも求められます。

2）共感的理解▶

積み木を積み上げたり，崩したりを繰り返し，飽きることなく遊んでいる子どもの様子を見ていた実習生が「どうして，こんな遊びがおもしろいのか理解できない」とつぶやいていました。最近，受け入れている実習生の中には，子どもが夢中になって遊んでいる遊びのおもしろさが理解できない，興味・関心あることに対する子どものこだわりがわからないなどの声も届いています。遊びに対する追体験をすることで子どもの気持ちが理解できるようになるのではないでしょうか。

実習中は，子どもと一生懸命遊び，子どもの頃の自分を取り戻す努力を心掛けましょう。毎日，土団子作りに夢中になっている子どもの気持ちに共感できるのではないでしょうか。

3）保育に対する得意分野

幼稚園に就職した卒業生の話です。新人として年長児クラスに配属となりましたが、幼稚園生活においては先輩であるクラスの子どもとの関係を築くことに苦慮しました。ある時、子どもの頃から習っていた剣道の型を子どもの前で披露しました。それを見た子どもたちは、好奇心を刺激され、卒業生を身近に感じるようになったようでした。これを機に子どもたちは卒業生を受け入れ、信頼関係を構築することができました。

折り紙が得意、イラストが描ける、縄跳び、かけっこ何でもいいと思います。得意な分野を作っておきましょう。何かひとつ誇れるものがあると、それは自信にもつながります。吹奏楽で培った楽器演奏、運動部で鍛えた体力や精神力、養成校で学んだ保育技術など、おもしろいと思ったこと、楽しいと感じたことを大事に育てていきましょう。子どもとコミュニケーションをとる手掛かりにもなります。

（4）職 業 倫 理

実習生であっても子どもにとっては「先生」です。子どもと関わっていくためには倫理的な態度が求められます。「倫理」とは、人としてのモラルや道徳観のことをいいます。

『保育所保育指針』第1章総則には、保育所保育に関する基本原則として、「保育所における保育士は、（中略）保育所の役割及び機能が適切に発揮されるように、倫理観に裏付けられた専門的知識、技術及び判断をもって、子どもを保育するとともに…」と示されています。これは、保育者の言動が子どもの育ちに大きく影響を与えるということでもあります。実習生の立場であっても、子どもの人権を損なうような発言や態度には十分に配慮する必要があります。一人ひとりの子どもに対し人格を尊重し、尊敬の念を持って接しましょう。

子どもの発達支援に関わる保育者は、各家庭のプライバシーに触れることになります。そのため、立場上知り得た個人に関する情報や園の情報などを外部に漏れないようにしなければなりません。『児童福祉法』第18条の22には、「秘密保持義務」として記されています。実習生であっても必ず守らなければならない守秘義務です。

実習中は、保育者から説明を受けた、子どもの育ちの背景や、子ども自身から聞いた家庭での出来事など、プライバシーに触れる機会が多々あると思われます。実習生として節度ある態度が求められます。実習中は以下のことに気を付けましょう。

・通勤時の電車やバスの中で，園や子どもに関する話はしない。
・Twitter，Facebook，Instagram，LINE などの SNS で実習に関する投稿（園や子どものこと，実習中の出来事，写真など）をしない。
・実習日誌の管理を徹底する。電車やバス内で広げたり，カフェやファミリーレストランなどの飲食店で記録を書いたりすることも控える（実習日誌には園の情報や子どもに関することが記載され，それが第三者の目にさらされたり，置き忘れたりする危険性があるため）。

実習に参加する前に，『全国保育士会倫理綱領』▶ や『児童憲章』▶ を熟読しておきましょう。また，同じく全国保育士会から出ている「セルフチェックリスト」を手掛かりに，適切な関わり方について研究しておくとよいでしょう。参考までに，倫理綱領の全文を以下に示します。

解説

全国保育士会倫理綱領
2003（平成15）年に全国保育士会によって策定された，保育士の行動規範を示すものです。

児童憲章
1951（昭和26）年に，子どもの権利擁護や健やかな育ちを目指し，国民を啓発するために制定されました。

全国保育士会倫理綱領

すべての子どもは，豊かな愛情のなかで心身ともに健やかに育てられ，自ら伸びていく無限の可能性を持っています。
　私たちは，子どもが現在（いま）を幸せに生活し，未来（あす）を生きる力を育てる保育の仕事に誇りと責任をもって，自らの人間性と専門性の向上に努め，一人ひとりの子どもを心から尊重し，次のことを行います。
・私たちは，子どもの育ちを支えます。
・私たちは，保護者の子育てを支えます。
・私たちは，子どもと子育てにやさしい社会をつくります。
（子どもの最善の利益の尊重）
　1．私たちは，一人ひとりの子どもの最善の利益を第一に考え，保育を通してその福祉を積極的に増進するよう努めます。
（子どもの発達保障）
　2．私たちは，養護と教育が一体となった保育を通して，一人ひとりの子どもが心身ともに健康，安全で情緒の安定した生活ができる環境を用意し，生きる喜びと力を育むことを基本として，その健やかな育ちを支えます。
（保護者との協力）
　3．私たちは，子どもと保護者のおかれた状況や意向を受けとめ，保護者とより良い協力関係を築きながら，子どもの育ちや子育てを支えます。
（プライバシーの保護）
　4．私たちは，一人ひとりのプライバシーを保護するため，保育を通して知り得た個人の情報や秘密を守ります。
（チームワークと自己評価）
　5．私たちは，職場におけるチームワークや，関係する他の専門機関との連携を大切にします。

　　　また，自らの行う保育について，常に子どもの視点に立って自己評価を行い，
　保育の質の向上を図ります。

（利用者の代弁）

　6．私たちは，日々の保育や子育て支援の活動を通して子どものニーズを受けとめ，
　子どもの立場に立ってそれを代弁します。

　　　また，子育てをしているすべての保護者のニーズを受けとめ，それを代弁して
　いくことも重要な役割と考え，行動します。

（地域の子育て支援）

　7．私たちは，地域の人々や関係機関とともに子育てを支援し，そのネットワーク
　により，地域で子どもを育てる環境づくりに努めます。

（専門職としての責務）

　8．私たちは，研修や自己研鑽を通して，常に自らの人間性と専門性の向上に努め，
　専門職としての責務を果たします。

社会福祉法人　全国社会福祉協議会
全国保育協議会
全国保育士会
（平成15年2月26日 平成14年度第2回全国保育士会委員総会採択）

実習のステップ

本章では実習のステップを理解しましょう（図3-1, 2参照）。

図3-1では，保育士・幼稚園教諭の養成課程で必要な実習単位を履修する流れについて，大枠のイメージを示しています。

保育士資格に関しては，「保育実習Ⅰ」で保育所での実習と施設（保育所以外の児童福祉施設）での実習をそれぞれ2週間行い，次に保育実習Ⅱ（保育所）か保育実習Ⅲ（施設）のどちらかを選んで，さらに2週間の実習を行うというステップを踏みます。本書で解説するのは，このうち保育所での実習になります。

幼稚園教諭免許状に関しては，幼稚園で合計4週間の教育実習を行います。4週間まとめて行う場合や，時期を分けて行う場合があります。

実習の時期については，それぞれの養成校で異なりますので，所属する養成校の実習スケジュールを確認しておきましょう。

なお，幼保連携型認定こども園は，保育所・幼稚園どちらの実習の場となることもあり得ます。

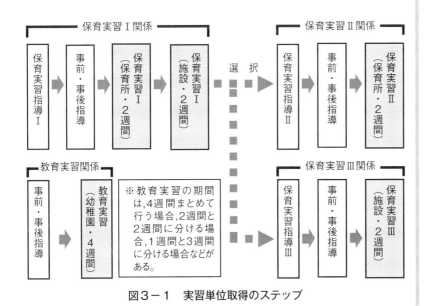

図3-1　実習単位取得のステップ

　図3−2では，1回の実習の流れ，ステップを理解しましょう。

　大きく分けて「実習前のステップ」「実習先でのステップ」「実習後のステップ」に捉えることができます。以降，その詳細を見てみましょう。

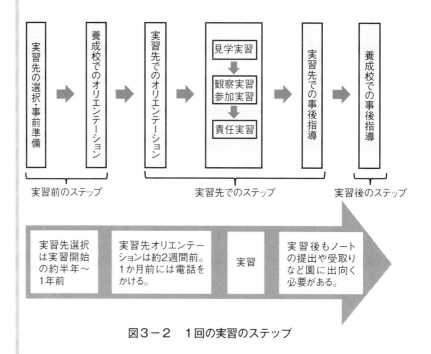

図3−2　1回の実習のステップ

1. 動機を持つことの意味

　実習の流れを理解したところで，ここからは図3−2で示した1回の実習におけるステップについて，実習前，実習先，実習後に分けて解説していきます。初めに実習前のステップについて説明します。

（1）実習先の選択

　まず，実習先の決め方についてですが，養成校によって異なります。養成校が実習先を選定し，学生を配属する場合と，学生自身が実習先を見つける場合があります。いずれにしても，受け入れ先を確保できたならば，感謝の気持ちを持つべきです。保育の現場では，一人の実習生を受け入れるにあたり，多くの準備をしなければなりませんが，後進の指導のために受け入れの努力をしてくれているからです。

　以下は学生自身が実習先を見つける場合の，実習先選択を考えるために必要な視点です。

1）実習先を考える際に必要な視点

① 公立か私立か

幼稚園，保育所，認定こども園ともに，公立と私立の園があります。私立を選ぶ場合，特色のある園も多いので，方針や保育内容などを調べる必要があります。

公立において実習することを希望する場合，各市町村によって申し込みの時期や方法が異なります。養成校でまとめて申し込みをすることもありますので，養成校の先生の指導を仰ぎながら進めていく必要があります。公立，私立を問わず，希望者が多い場合，断られる場合がありますが，公立の場合，回答を得るまでに時間がかかることがあります。

② 認定こども園か，幼稚園・保育所か

幼稚園教諭の免許を取得するためには幼稚園へ，保育士資格を取得するためには保育所へ実習に行くことが多いのですが，現在は認定こども園の数が増えたこともあり，認定こども園で実習を行う学生も増えています▶。実習先の選択にあたっては，本書の「実習 01 実習の基礎知識」で，それぞれの概要を学んでおくことや，「実習 05 指導計画の立て方を学ぶ」で，各園のカリキュラムを学んでおくことなどが大切です。

なお，いずれにしても認可されていない園での実習は認められませんので注意してください。

> **チェック！**
>
> 認定こども園の類型によって，実施できる実習が異なります。
> 幼稚園型：教育実習
> 保育所型：保育実習
> 幼保連携型：教育実習
> 　および保育実習

③ 保育の方針や内容

特に私立の場合は，保育の方針や内容に特色を設けているところが多くあります。例えば宗教を取り入れた保育であったり，モンテッソーリ教育などを取り入れたりしていることなどが挙げられます。そのほかにも，自由な遊びの時間を大切にして多く設定している園，コーナー保育を行っている園，クラス編制が縦割りになっている園など，さまざまな園があります。各園のホームページなどで調べておくとよいでしょう。

④ 立地条件

実習先は，現住所または実家から通えるところを選択しましょう。いくら素敵な園であっても，知人宅から通うということは，非常事態が起きたときの対応が難しくなるため，ふさわしくありません。

また，実習中は疲れが出ることもありますので，通勤時間が 1 時間を超えるような場所ですと遠すぎるかもしれません。逆に近すぎると，プライベートの時間も実習生としての立場を意識せねばならないので辛いという声もあります。個人差はありますが，公共の乗り物を使って通える，比較的近い園を選ぶとよいでしょう。

２）体験者が語る―どのように実習園を選んだか―

以下に，自分で実習園を選んだ経験のある学生の声を紹介します。参考にしてください。

✂ **アドバイス**

　大学生Ａは実習園の選択の際，それまでの経験や学習を活かしています。次頁の大学生Ｃの場合も同様です。換言すれば，学習園選択前の養成校での学習などがとても大切だということです。

> **４年制大学生Ａ：４年次に行う幼稚園教育実習の実習先について** ◀
>
> 　私は以前から，小さくてこぢんまりした園が好きでした。自分が幼少期に，そのような園に通っていて，楽しいと感じていたからだと思います。通園バスもなく，毎日，保護者の方と保育者の方が顔を合わせてコミュニケーションをとる園です。先生たちはみな，自分のクラスだけではなく，全園児のことを知っていて，とても温かい雰囲気があると思います。でももしかしたら，通園バスがあってたくさんの子どもがいる，クラス数の多い園も楽しいかもしれない，自分が知らないだけなのかもしれないとも思いました。そのような園に通っていた友人が，バスの中も，クラスの活動も，とても楽しかったと話しているのを聞いたからです。そのことを確かめたくて，私はあえて，自分が好きだと思っていたような園ではなく，クラス数の多い園で実習をさせていただくことにしました。実際に実習をして，その園のよさを知ることができ，とても楽しく学ぶことができたのですが，やはり自分には少人数の子どもを保育する園のほうが合っていると実感することができました。そして就職は，小規模の園を選択することにしました。実習によって，視野が広がりましたし，自分がしたい保育もはっきりとわかってよかったです。

✂ **アドバイス**

　大学生Ｂ，次頁の大学生Ｃのように，困った時は養成校の先生に相談してみましょう。

> **４年制大学生Ｂ：４年次に行う幼稚園教育実習の実習先について** ◀
>
> 　私は，公立の幼稚園への就職を希望しており，実習も公立幼稚園を希望し，申し込んでいました。しかし実習開始の４か月前に，受け入れができないとの回答をいただきました。その時期になって，私立園にお願いすることが難しくて，何園かにコンタクトを取りましたが，すでにその時期の実習受け入れは決まっていると，すべて断られてしまいました。養成校の先生に相談したところ，先生とつながりのある園に事情を説明して，お願いしていただき，やっと決まりました。希望の地域にある園ではなかったのですが，とてもよい指導をしていただき，結果的にはよかったです。保育所実習は公立園で行うことができたので，公立と私立の違いもなんとなくわかってよかったです。

4年制大学生C：4年次に行う幼稚園教育実習の実習先について

　私は，遊び中心の素敵な園で実習がしたくて，以前から希望している園がありました。しかし，とても人気のある園で，希望者が多いとのことで，1年前にコンタクトを取ったのですが，思うようなお返事をいただくことができませんでした。ただ，実習時期を少しずらせるのであれば受け入れ可能であると言っていただきました。大学からは，実習の時期は変えられないと言われていたので悩みましたが，担当の先生に相談してみました。すると，先生も，私の熱い希望を理解してくださって，後押ししてくださいました。自己都合ではなく，園側の都合であることと，そこで学びたいという強い気持ちがしっかりと伝わったとおっしゃってくださいました。実際に実習が始まると，本当にたくさんの実習生がいました。中には男子学生もいて，更衣室の問題などから男子学生の受け入れに積極的ではない園もある中で，この園はやる気のある学生であれば男女問わず受け入れてくれると話していて，いろいろな意味で人気のある園なのだと改めて感じました。先生たちの援助がすばらしく，子ども中心の保育の意味がきちんと理解でき，保育者になりたいという気持ちが大きくなりました。子どもの発想のすばらしさも実感することができました。

短期大学生D：1年次に行う保育所実習の実習先について

　私はぜひ母園で実習をしたいと希望し，申し込み，承諾を得ました。その園は，基本的に卒園生は受け入れてくれると聞いていたので安心して電話をかけることができました。でも，私が園児だったころとは，園長先生も先生方も変わってしまっていて，実際実習が始まると，保育内容や雰囲気が，想像していたものと随分違っていることに気が付きました。母園とはいっても，もう少し調べたほうがよかったと思いました。

（2）実習前の準備と養成校でのオリエンテーション

1）実習前の準備

　実習先が決まったら，実習に向けてしっかりと準備をしていきます。以下に準備すべき10の事柄を挙げますが（中にはオリエンテーション後にすべきものもあります），すべきことが多く，実習は大変だと思う

人もいるかもしれません。しかし実習は子どもから多くを学び，また実際の保育を学ぶすばらしい体験です。より充実したものとするために前向きに取り組んでください。

① 今まで学んできたことの確認

実習に至るまでに養成校においてさまざまな勉強をします。子どもの発達や，全体的な計画のあり方，指導案の立て方，絵本の読み語りやピアノ，手遊びなどの実技等々。それまで積み重ねてきた学習は，さらに深めたり，確認したりするとよいでしょう。『幼稚園教育要領』や『保育所保育指針』，『幼保連携型認定こども園教育・保育要領』を読み直しておくことも必要でしょう。附属幼稚園などで予行的な実習を行う養成校がありますが，事前の学習としてよい機会なので積極的に行いましょう。本番の実習に向けて課題を見つけることもできるかもしれません。

② 派遣条件の確認

各養成校では派遣条件があり，その条件をクリアしているか，確認しておくことも必要です。

③ 書類の準備

実習先が決まった後，さまざまな書類を書くことになります。黒のペンで丁寧に書くことが求められます。そして大切なことはそれらの書類の提出期限を守ることです◀。資格に関わる大切な書類なので，提出を人に頼んだりせず，自分でしっかりと提出するようにしましょう。

④ 実習日誌

実習前に記述できるところは書いておきましょう。

⑤ 細菌検査

保育所，施設における実習の場合は腸内細菌検査◀が必要になります。適切な時期に忘れずに行い，期日に間に合うよう準備してください。

⑥ 持ち物の準備

実習先によって用意するものが異なります。例えば，エプロンの用意が必要なところと，必要でないところなどがあります。用意する場合で

✎◗ アドバイス

「●日に提出」との指示であれば，必ずその日に提出するようにします。

「●日にまでに提出」との指示であれば，できるだけ早く書類を整えて提出しましょう。

✎◗ チェック！

腸内細菌検査が未実施の場合，給食援助や乳児対応が不可となり，事実上実習ができなくなります。

もキャラクターの付いたものを避けるよう指示されることがあります。

名札は手作りのものを用意する学生が多いようですが，安全ピンでとめると危ないので，エプロンなどに縫い付けるよう指示する園もあります。わからないことは，オリエンテーションで聞いて準備してください。

メモを取るための筆記用具は，先のとがっていない筆記具と，小さなメモ用紙程度にしましょう。

また，季節によってはプールの指導がありますので，ふさわしい水着，雪の降る時期の場合には長靴や手袋などの準備も必要となることが予測できます。

昼食については，給食費を支払って子どもと同じものを食べる園と，弁当を持参する園があります。あるいは曜日によって異なる場合もあります。持参する場合には自宅で弁当を作り，弁当箱に詰めていくことになりますので，必要なものを用意しておきましょう。昼食準備のときに必要な三角巾，マスクについても準備しておきましょう。また，通勤の際のきちんとした服装なども準備しましょう。

⑦ 健康管理

実習が近づいて来たら健康管理に気を付けましょう。毎日体温を計り，体調を確認してください▶。睡眠時間を十分に確保して，実習に備えることも大切です。通勤ルートや時間を確認して，朝起きる時間，就寝時間などを考えておきましょう。また，実習前に大けがをしてしまうと予定通り実習ができなくなってしまいます。十分に気を付けてください。

⑧ 予防接種

実習先によっては，いくつかの予防接種の摂取状況を，問われることがあります▶。自身の母子健康手帳などで確認することが求められます。また，接種が必要となる場合もあります▶。

⑨ 訪問指導の先生への挨拶

実習中，養成校の先生が実習先を訪問し，指導を行います。事前にその先生を訪ね，挨拶をしましょう。慣れない土地に出向く先生もいらっしゃいますので，行き方などは丁寧に説明し，よくお願いしましょう。連絡先を交換しておくとよいでしょう。

⑩ ピアノの練習

オリエンテーションに行った際に，その園でよく歌う曲の楽譜をコピーさせていただき，練習しておくと安心です。楽譜は厚紙に貼るなど，大切に扱いましょう。

以上，10のことを参考にしながら，表3－1のチェックリストを活

アドバイス 体温などを記入する健康チェック表を作成しておくとよいでしょう。発熱した場合などは，感染予防を第一に考え，実習は控えましょう。

アドバイス 麻疹，風疹などの接種状況または抗体検査の証明書を示すことが必要になることがあります。

アドバイス 季節によってはインフルエンザの予防接種も行っておいたほうがよいこともあります。

表3－1　実習準備チェックリスト

事　項	チェック
今まで学んできたことの確認（理論）	
今まで学んできたことの確認（実技）	
幼稚園教育要領・保育所保育指針・幼保連携型認定こども園教育・保育要領の確認	
ピアノ練習・楽譜を厚紙に貼るなど	
派遣条件の確認	
実習前の書類の提出	
実習日誌の記入	
細菌検査	
予防接種	
訪問指導の先生への挨拶	
健康管理	
通勤ルート・時間の確認	
持ち物・服装の準備	
・保育の際に着用する衣類	
・室内履き・外履き	
・名札	
・昼食時に必要なもの	
・筆記用具	
・通勤着	
・ハンカチ・ティッシュ	
その他	

用してください。

2）養成校でのオリエンテーション

　養成校でのオリエンテーションは何回かありますが，それぞれ重要事項が伝達され，大切な書類が配布されることもあります。特に実習前最後のオリエンテーションでは，実習中の注意事項の詳細が示されます。体調が悪くなってしまった際はどこに連絡するのか，実習後にすべきことは何かなどを確認し，しっかりメモを取りながら参加しましょう。

2. 実習先でのステップ

（1）実習先のオリエンテーション

チェック！

p.44，「実習04　実習先でのオリエンテーション」を参照。

　実習先でのステップは，図3－2で示したようにオリエンテーションから始まります。オリエンテーションの詳細は，アポイントメントのとり方を含め，「実習04」で解説します◀。

（2）実習のプロセス

　図3-2で示した，見学実習⇒観察実習・参加実習⇒責任実習という
ステップの詳細は，「実習06」および「実習07」で解説します▶が，こ
こではステップを踏むことの重要性について解説します。

　最初のステップとして，見学実習がありますが，見学する，よく「み
る」ということはすべての土台になります。

　「みる」ことについては，「観る」「診る」「見る」「視る」「看る」など
さまざまな「み方」があります。「見学実習は，みてるだけ…」と考え
るのは間違った認識です。見学実習はその後のすべてのステップにつな
がります。気を抜いていると，次のステップも不安定になりがちです。

　ここで大切なのは，「子どものことをよくみる」ことです。学生によっ
ては担当の保育者の目，自分への評価ばかりを気にし，「大人をみる」
ことに一生懸命になる人もいますが，「子どもをみる」ことが大変重要
です。保育者は子どもを知ろうとすることが大切なのです。実際に保育
者になってからも簡単にできることではないのですが，実習においても，
子どもを知ろうと「子どもを客観的にみる」ことや，「子どもの中に入っ
てみる」ことをし（園によって，見学実習は「みる」ことに徹底するよ
うに指示される場合と，遊びに入ることの許可が出る場合とがありま
す），少しでも一人ひとりの子どもを理解できるよう，探求しましょう。
子どもの理解ができると，保育者の援助の意味も理解しやすくなります。
また，観察・参加実習（参与観察）や責任実習で，援助を行う際や，指
導計画を立案する際にとてもよい効果をもたらします。

✐ チェック！

p.67,「実習06　見学
実習，観察・参加実習」
および p.77,「実習07
責任実習（総合実習）」
を参照。

3. 実習後のステップ

（1）1日の実習を終えた後

　「実習09」で詳述しています▶が，一日の終わりに担当の保育者から
指導，助言を受けます。前向きに受け止めましょう。また，実習生から
質問をすることができます。一生懸命「みて」，考えても，実習生には
わからないことがあるものです。保育という営みは，少しの体験ですべ
てを理解できるものではなく奥深いものなのです。積極的に質問し，学
びを深めましょう。担当の保育者が多忙な場合，その日の反省会を持て
ないこともあります。その場合は質問事項をメモしておきましょう。

　指導後に反省したことは，実習ノートにも反映させ，次の日につなげ

✐ チェック！

p.121,「実習09　実習
先での振り返り」を参照。

るようにしましょう。反省を次に活かすことが大切です。

（2）1回の実習日程をすべて終えた後

　1回の実習日程がすべて終了した際にはその実習全体を振り返ります。こちらも「実習09」において詳細の説明がありますが，実習ノートなどを見返して，「総合考察」のページなどを記入します。「うれしかった」「たのしかった」などの感想ではなく，保育者としての視点で自分を振り返り，自己課題などを明らかにしましょう。

（3）実習先での事後指導・養成校での事後指導

　実習先では，反省会が行われます。担当の保育者，園長先生，主任の先生などさまざまな先生に，いろいろな角度からご指導いただきます。

　養成校では，実習前に立てた目標などを見返して，実習ノートなどを手掛かりに振り返り，報告書を書いたり，授業の中で，学んだことなどを発表したりします。実習園の先生に質問しにくかったことを，実習担当の教員に質問したり，助言を求めたりするとよいでしょう。

（4）次の実習に向けて

　本章のはじめに実習単位履修の全体の流れを解説しましたが（図3-1），保育実習，教育実習を合わせて，実習は必ず数回行うことになります。そのため，何度も「次の実習へ向かう」ことになります。その際，終了した実習で見えてきた自己課題などを，次の実習の課題としてつなげましょう。次の実習までに自分が何をすべきかよく考え，すべての実習を終えた際には，現場に出る前にすべきことをよく考えてみましょう。その体験の積み重ねがきっと成長させてくれるでしょう。

　保育には課題がつきものです。経験年数を積んでも，保育について迷ったり，考えたりすることはよくあるものです。日々探求する仕事といっても過言ではありません。だからこそ奥深く，おもしろい仕事なのです。言い換えれば，経験のない人がパーフェクトにできるような簡単な仕事ではないのです。実習生に課題が見つかることはよくないことではありません。成長のチャンスと前向きに受け止めてください。

✎ アドバイス

p.141，「実習12　実習後の実習先との関わり」を参照。

（5）お　　礼

　実習先にお礼の手紙を書いたり，訪問指導をしてくださった養成校の先生にあいさつをすることも忘れずに行って下さい▶。

第2部

実習の中で

04 実習先でのオリエンテーション

1. 実習先にアポイントメントをとるには

実習先のオリエンテーションを受けるには，事前に実習園に連絡をして訪問する日程を決めておく必要があります。連絡の手段としては電話によるアポイントメントが一般的です。

（1）電話をかける際の注意事項

1）実習園に連絡をする時期と電話をかける時間帯

オリエンテーションは園によっては異なりますが，おおよそ実習開始の1〜2週間前に実施されることが多いようです。そのため，余裕を持って実習が始まる約1か月前に連絡をします。

電話をかける時間帯は，実習園があわただしい朝夕の登園・降園時や昼食時を避けて電話をします。目安としては，保育所では朝の受け入れが一段落した10時〜11時頃と子どもが午睡をする13時〜14時30分頃，幼稚園では園児の降園が済んだ15時以降が望ましいでしょう。

2）声の大きさ・トーン

明朗快活に（明るく・元気よく・ハキハキと）話しましょう。ボソボソと何を言っているのかよく聞き取れない声では実習先への印象も悪くなってしまいます。また，「元気よく」というと大きな声を張り上げがちですが，電話は耳元で受けますから大きさよりも明瞭さを意識して発声するように心掛けましょう。

3）内容を端的に伝える

保育者の仕事は多忙です。実習生が電話をかける子どもの午睡中や降園後においても事務的な書類作成や環境整備，翌日以降の保育準備などがあります。その忙しい合間をぬって対応していただいていることを理解しましょう。そのため，用件（実習のオリエンテーションのための電話であること）をはっきりと伝え，確認すべき内容も要点を絞って簡潔に尋ねましょう。事前に何を確認すべきか内容をメモにまとめておくと，

確認漏れがなく，再度電話して迷惑を掛けるようなことも防げます。

4）訪問する日程の候補を複数準備しておく

実習園を訪問する日程▶は，先方にも行事や研修などの都合があるため，実習生の希望通りにならないこともあります。訪問を希望する日程を異なる曜日・時間帯でいくつか候補として挙げられるようにしましょう。

5）そ の 他

最近では携帯電話やスマートフォンで連絡を取り合うことが一般的になってきています。しかしながら，電話をする場所によっては電波が届きにくく会話が途切れてしまったり，周囲が騒がしいと相手の声が聞き取りづらかったりします。携帯電話などを使用する際には電波の受信状態を確認し，静穏が保たれている場所で電話をするよう心掛けましょう。

（2）電話によるアポイントメントの例

電話でははじめに学校名と氏名をはっきり名乗り，用件を端的に伝えます。アポイントメントの流れは図4－1に記載した例のようになります。前項（1）の注意事項をふまえ，実際の場面を想定して練習をしておきましょう▶。

2. オリエンテーションのための事前訪問

オリエンテーションのための事前訪問は，実習生であるあなたが実習先の施設概要や教育・保育方針などを確認するための機会となります。その一方で，実習先からすると「どのような実習生か」を見る機会としています。常に相手から見られていることを自覚し，保育を志す学生としてふさわしい態度・身だしなみで事前訪問に臨みましょう。

（1）前日までにすべきこと

1）実習園までの所要時間とルートの確認

実習では時間厳守が基本であり，通勤時の所要時間にも配慮が必要となります。実習園までの道のりを地図や時刻表で確認するだけでなく，できれば一度現地まで下見に行ってみるとよいでしょう。朝の出勤時間帯は通勤ラッシュで混み合うこともあるため，所要時間はある程度のゆとりを持ってみておきましょう。事前訪問をする前日は夜更かしせず，寝坊して遅刻をしないよう睡眠時間をしっかりと確保しましょう。

▷ チェック！
次項「（2）電話によるアポイントメントの例」で流れを確認しましょう。

▷ アドバイス
電話を切る際には，必ず相手が電話を切ったことを確認してから，こちらも切るのがマナーです。

| 実習園 | はい，○○園です。 |

| 学　生 | お忙しいところ恐れ入ります。私は（**学校名・学年**）の（**氏名**）と申します。本日は，実習のオリエンテーションの件でお電話をさせていただきました。園長先生か実習ご担当の先生はいらっしゃいますか？ |

| 実習園 | 少々お待ちください。 |

担当職員がいた場合→＜Ａ＞　　不在の場合→＜Ｂ＞

＜Ａ：担当職員がいた場合＞

| 実習園 | はい，園長／実習指導担当の○○です。 |

| 学　生 | お忙しいところ恐れ入ります。私は（**学校名・学年**）の（**氏名**）と申します。この度は実習を受け入れていただき誠にありがとうございます。○月○日から始まる（**実習種別**）のオリエンテーションの実施をお願いしたくお電話いたしました。いつうかがいすればよろしいでしょうか？ |

| 実習園 | それでは，○月○日の○時はどうでしょうか？ |

指定された日時の都合がつく場合→＜Ｙ＞　　都合がつかない場合→＜Ｎ＞

※あらかじめ，自身のスケジュールを確認しておきましょう。

＜Ｙ：指定された日の都合がつく＞

| 学　生 | はい，承知いたしました。それでは○月○日○曜日の○時におうかがいいたします。それから，学校から実習日誌や提出書類を持っていくよう言われていますが，他に持参するものはありますか？　※その他，何か質問があれば尋ねます。 |

| 実習園 | 上履きを持参してください。 |

| 学　生 | 上履きですね。承知いたしました。 |

| 実習園 | はい，それではお待ちしていますね。 |

| 学　生 | 本日はお忙しいところありがとうございました。どうぞよろしくお願いいたします。それでは失礼いたします。 |

※相手に告げられたことは必ず復唱して確認しましょう。

＜Ｎ：指定された日の都合がつかない＞

| 学　生 | 申し訳ございません。○月○日の○時は（理由）のためおうかがいできません。他にご都合のよろしいお日にちにはございますか？ |

※授業や定期試験などが重なった場合には，理由をきちんと伝えましょう。

※実習園から，学生側の都合のよい日時を尋ねられる場合もあります。

＜Ｂ：担当職員が不在の場合＞

| 実習園 | 担当の○○は本日研修のため不在にしています。 |

| 学　生 | それでは改めてかけ直しいたします。ご担当の○○先生はいつ頃でしたらいらっしゃいますか？ |

| 実習園 | 明日の○時頃でしたら出勤していますよ。 |

| 学　生 | ありがとうございます。それでは，明日○日の○時頃に改めてお電話させていただきます。お忙しいところ失礼いたしました。 |

図4－1　アポイントメントの導入

2）持ち物の準備と確認

前日には持ち物をそろえ，鞄に入れておきましょう（表4-1）。この時，持参する実習日誌や書類（健康診断書，誓約書，実習生出勤簿，実習評価表，返信用封筒など）に記入漏れがないかもう一度確認をしておきます。

3）身だしなみの確認

訪問時の身だしなみとしては，実習先には原則的にスーツでうかがいます。スーツは体型に合ったものを準備しておきましょう。また，訪問までに一度着てみて，ほつれや破れがないか確認をしておきます。

表4-1　持ち物チェックリスト

☐	実習日誌
☐	提出書類（誓約書，健康診断書など）
☐	メモ帳・筆記用具（ボールペン）
☐	上履き
☐	ハンカチ・ティッシュ
☐	地図・時刻表
☐	財布
☐	スマートフォン・携帯電話
☐	その他，事前に実習園から指定されたもの

図4-2　オリエンテーションでの服装（例）

　その他，身だしなみについて注意すべきこととして次のような事柄が挙げられます（表4-2）。実習園を訪問する時にはアクセサリー類は身に付けていきません。カラーコンタクトの着用も不可です。爪はできるだけ短く切ります。男子学生は髭の剃り残しがないようにしましょう。女子学生は，化粧はナチュラルメイク（具体的にはファンデーションと眉メイク程度）で，肩にかかる長さの髪は結わいていきましょう。

表4-2　身だしなみチェックリスト

服　装		☑
スーツ	リクルートタイプが望ましい ブラシでほこりを払っておく	☐
シャツ・ ブラウス	清潔なもの・アイロンをかける フリル付きなど華美なものは避ける	☐
靴　下	柄ものやショートソックスは避ける	☐
鞄	ブランドものやキャラクターものは避ける	☐
靴	ヒールの低いものを選ぶ	☐
時　計	スーツに合うものを選ぶ 高価なものは避ける	☐
身だしなみ		☑
髪形・色	目に前髪がかからないように留める 肩にかかる長さの場合には束ねる 自然な髪色に留意する	☐
化　粧	ナチュラルメイク	☐
爪	短く切る	☐
アクセサリー	身に付けない	☐

（2）当日すべきこと

1）実習園に到着するまで

　オリエンテーションへの遅刻は厳禁です。遅くとも10分前には実習園に着くように家を出ます。万が一，交通遅延による遅刻や体調不良により訪問できなくなったなどがあれば，そのことがわかった時点で必ず

実習園に連絡を入れ，指示を仰ぐようにしましょう。無断での遅刻・欠席をした場合には，実習を受け入れていただけないこともあります。

実習園への移動の際にも，公共交通機関内での飲食，化粧，大声での会話は慎みましょう。実習園の最寄り駅に着いたら園児や保護者，実習園の職員も含む地域の目があることを意識して，コンビニなどでの立ち読み，買い食い，ごみのポイ捨て，信号無視，歩きスマホ（携帯），大声での会話など実習生としてふさわしくない行為は避けましょう▶。

2）実習園に到着したら

インターホンで，「（学校名）の（氏名）と申します。実習のオリエンテーションに参りました」と端的に用件を伝えて園内に入ります▶。園内に入ったら門扉の施錠を確認しましょう。冬季の実習であれば，インターホンを押す前に門前でコートやマフラーを外しておきます。

訪問時の挨拶は，相手に与える第一印象となります。笑顔でハキハキと挨拶し，お忙しい中，オリエンテーションの時間をいただいたことに対して感謝の言葉を述べましょう。椅子には勧められてから腰を下ろし，背もたれにもたれかかったり肘をついたりせず，よい姿勢を保ちましょう。鞄は床か膝の上に置くようにします。言葉遣いは丁寧に，相手の目を見て話すよう心掛けましょう。

△△学校の○○と申します。オリエンテーションに参りました。

3）オリエンテーションにおいて確認すべきこと

オリエンテーションでは，実習のスケジュール，持ち物や服装，園の規則や実習中の配慮事項などについて確認します▶。詳しくは次節「3. 実習先オリエンテーションの事例から学ぶ」を参照してください。部分実習・責任実習の実施についてもこの時に確認し，自分が実践してみたい内容があれば希望を伝えておきます。

また，先方の都合もありますが，可能であればオリエンテーション後に保育の様子や施設・設備を見学させていただきましょう。特に初めて実習に臨む場合には，実習園の雰囲気を知っておくことで緊張を緩和できます。見学中に職員や子ども，保護者とすれ違うことがあれば笑顔で挨拶をします。ひと通り見学をさせていただいた後，疑問や質問があれば簡単にお聞きしますが，あまり長居をしないよう気を付けましょう。

（3）オリエンテーション終了後にすべきこと

　実習園のオリエンテーションを受けた後には，できるだけ速やかに事前準備に取り組みましょう。事前準備が実習の成否を分けるといっても過言ではありません。来るべき実習に備え，体調管理（生活リズムを整える，定時の検温など），部分・責任実習の指導案作成，ピアノの弾き歌いや手遊び，絵本・紙芝居の読み聞かせの練習など，計画的に準備を進めましょう。ピアノの弾き歌いに関しては，園歌や朝の会・帰りの会で弾く曲があれば，オリエンテーションの際に楽譜のコピーをいただいて練習しておくとよいでしょう。

　また，実習園から事前に課題を提示されることもあります。実習初日に提出できるよう余裕を持って取り組むよう心掛けましょう。

3.　実習先オリエンテーションの事例から学ぶ

　実際の実習日誌の記入例を参考にして，実習生がオリエンテーション中に確認すべき事項を詳しく見ていきましょう。

（1）実習スケジュール

　実習の日程を再確認するとともに，実習期間中の勤務時間（出退勤の時間，早番・遅番実施の有無），配属クラスなどについても確認しておきます。養成校で指定されている日数・実習実時間数（休憩時間を除く）を満たしているかについても併せて確認しましょう。配属されるクラスの一日の流れ（デイリープログラム◀）についても，この時に確認しておくとよいでしょう。

✐ チェック！

デイリープログラム「実習09」の側注を参照（p.123）

　オリエンテーションまでに実習の日程が決まっていない場合には，ここで実習指導者と打ち合わせをして決定します。日程が決定したら速やかに養成校と実習担当教員に報告しましょう。

表4－3 オリエンテーションのメモ

> ・勤務時間：8：30 ～ 17：00（8：10 ～ 8：15 には出勤し，準備する）
>   └→ 出勤後，着替え，手洗いうがいをする。8：30 までに押印する。
> ・持ち物：保育着（清潔で動きやすく汚れてもよい服），着替え，外履き，内履き（か
>   かとのあるもの），名札（フェルト，布製のもの），ハンドタオル，おかず入りお弁
>   当，コップ，エプロン，三角巾
>   └→ 食事中使用
> ・通勤時は華美でない服装，ジーンズ以外
> ・乳児クラスは，くつ下で実習を行う。
> ・健康管理，維持を心掛け，欠席，遅刻をする場合，事前に連絡相談をする。
> ・毎日自分のねらいを定めて実習を行い，日々の指導保育士に伝える。
> ・保育所の利用者や職員などの個人情報について他言しない。
> 〈子どもに対して〉
> ・挨拶や言葉掛けは目線を合わせ，必要な声の大きさでやさしく語り掛ける。
> ・名前は呼び捨てや省略をせず，正しく呼ぶ。
> 〈保護者に対して〉
> ・自分からすすんで笑顔で挨拶をする。
> ・保護者からの連絡は，すぐに取り次いで職員の先生に受けていただくか，確実に報
>   告する。
> 〈実習中について〉
> ・無断で持ち場を離れず，事故が起きた場合は小さなことでも直ちに保育者に伝える。
> ・観察参加するクラスへは，前日の終わりに挨拶をし，予定を聞く。
> ・個人差や年齢による発達の差に適した援助の仕方に注意して観察する。
> ・自由遊びには，積極的に子どもの活動に加わり遊ぶようにする。
> ・観察中の疑問点は，昼の時間がある時や，夕方の終わった頃に担任の先生に伺う。
> ・日誌は翌日，園長先生，または主任の○○先生または前日のクラスの先生の朝の時
>   間に提出する。
> ・実習最終日の反省会にそなえて，取り組みのねらい，感想，質問，疑問点を整理し
>   てまとめる。
> 〈その他〉
> ・休憩時間は1時間
> ・17：00 になったら，担任保育士の先生へ声をかけ退勤。
> ・私物はロッカー室に置き，貴重品のみクラスへ持っていく（高額なお金，物は持っ
>   ていかない）。
> ・保育中は水道で給水する。メモは休憩時に行う。
> ・出勤簿は奥から二番目のロッカーの中に保管する。

┌─ アドバイス ─
弁当は手作りのものが
望ましいですが，準備が
困難な場合には店舗で購
入したものを持参するこ
ともできます。ただし，
そのまま持参することは
避け，弁当箱に詰め直す，
おにぎりやサンドイッチ
はラップやホイルで包み
直すなど配慮が必要で
す。

（2）持ち物・服装

　実習中に持参するものや通勤時・勤務時の服装について確認をします。
上履きや弁当持参の有無について，また給食がある場合には食費と支
払い方法についても確認しておきましょう。保育実習では食事の配膳な
どの場面でエプロンが必要とされるのであらかじめ準備をしておくとよ
いでしょう。その他，万が一の傷病に備えて健康保険証（もしくはその
コピー）も持参するようにしましょう。

　実習生の通勤時の服装は原則としてスーツ着用となりますが，実習園
によっては私服での通勤を認めていることもあります。その場合は華美
な服装は避け，保育を志す学生としてふさわしいものを着用しましょう。

（3）実習中の配慮事項

　実習園での子どもに対する関わり方については子どもを尊重した関わ
りを心掛けることは当然のことですが，養護的・教育的な側面からどの
ような配慮が必要であるか実習園の保育理念や方針について確認をして
おきましょう。

　また，実習園の規則や実習中に注意すべき事柄についても確認をしま
す。実習中には子どもや保護者，その家庭の状況について知り得る機会
もありますが個人情報保護の観点から秘密保持義務を遵守しましょ
う。

┌─ 解　説 ─
保育士には対人援助専
門職としての義務が課せ
られ，秘密保持義務に違
反（正当な理由がなく，
その業務に関して知り得
た人の秘密を漏らす行
為）した場合の罰則規定
が設けられています。

（4）そ　の　他

　その他にも，出勤簿の保管場所と出勤簿への押印について，更衣する
場所と貴重品の管理について，実習日誌の提出・返却について，遅刻・
欠勤時の連絡方法について，部分・責任実習の実施についてなど，実習
をする上で必要となる事柄についてオリエンテーションの際に忘れずに
確認をしておきましょう。

　いずれも実習園の実習指導者が説明してくれるのが当然と考えず，自
身が確認すべき事柄をあらかじめメモ帳にまとめておくなどして聞き漏
らすことがないように努めましょう。

参考文献
・小櫃智子・守巧・佐藤恵・小山朝子：幼稚園・保育所・認定こども園実習パー
　フェクトガイド，わかば社，2017.
・関口はつ江編：学びをいかす保育実習ハンドブック，大学図書出版，2018.

05 指導計画の立て方を学ぶ

1. 指導計画立案の意義

　保育所や幼稚園，認定こども園において行われている保育は，その園独自の保育理念や保育方針，規模や地域性によってさまざまです。多様性の認められる保育ではありますが，それらは無計画に行われているわけではありません。そこには必ず，保育の計画が存在しています。保育は，子どもの主体性を尊重することを前提としていることから，子どもの自由意思に任せて放任するもの，つまり無計画な中で行われるものと捉えられてしまうかもしれません。

　しかし，無計画な中で子どもの自由意思に任せているだけでは遊びや学びに偏りが生じてしまい，子どもの望ましい発達が期待されない可能性があります。保育は，子どもの主体性を尊重し子どもが自ら環境に関わる中で，一人ひとりの発達にふさわしい経験を積み重ねることができるように展開していかなければならないものです。このことからわかるように，子どもの主体性を尊重するためには無計画であってはならず，必ず計画性を持った保育の展開が必要とされています。

　では，保育の計画が立てられていることによってどのようなメリットが存在するでしょうか。以下，4つのメリットを説明していきます。

　第一に，子どもの興味・関心を尊重しつつ発達に必要な経験ができるように環境を整えることができる点です。保育の場において，子どもの生活の大半は「遊び」です。自分の興味・関心に基づいてさまざまな遊びを展開し生活していく姿から，保育者は今後何を大事にしていくのか計画的に見通した上で保育を展開していく必要があります。その際に，子どもを取り巻くさまざまな要素を検討し，あらかじめ計画が立てられていることによって，子どもの興味・関心を尊重した上で発達に適切な保育内容を考え環境を整え，子どもの命を守り充実した生活を保障していくことが可能となるのです。

　第二に，保育者自身が見通しを持てるようになるという点です。保育

者が何をしたらいいのかわからない状態で保育にあたるのでは，保育者自身も不安であり，十分な保育が展開されるとは考えにくいでしょう。保育の計画が立てられていることによって，保育者は事前に準備をすることが可能となり，保育の展開においても予測しながら取り組むことができます。保育の計画はあくまで見通しであって，必ずしもそのとおりに保育を展開するものではありませんが，保育の展開の中で何らかの判断をする際にも役立ち，かつ保育者が安心して保育にあたることができる点は大きなメリットとなります。

　第三に，園全体での保育者同士で相互理解を図ることができるという点です。園ではいくつものクラスが存在している場合が多くみられます。その際に，それぞれのクラスで何を大事にしてどのような保育を展開しているのか，保育の計画が立てられていることによって保育者同士で理解することができます。遊びを展開する際に，クラスを超えてお互いに協力することが必要となる場合もあるでしょう。そういった際に，保育者同士で十分な相互理解があることでより豊かな保育を展開することができます。気になる子どもの対応については，全職員が情報を共有し協力して行う必要がありますが，その際にも保育の計画が立てられていることによって見通しを持ち協力して保育を展開することが可能となるのです。

　第四に，保護者や地域の信頼を得ることが可能となる点です。保護者は子どもの成長を期待している反面，思い描いた成長が見えないことで不安を抱く傾向にあります。そういった際に，保育の計画を示し説明することで，保護者は成長の見通しを持つことができ，また現在どのような過程にいるのか理解することができます。そうすることで保護者の不安は解消されやすくなり，信頼関係を築くことにつながるでしょう。また，地域に対しても園の方針を示すことで理解を促すことにつながり，地域の行事などで関わりを持つことが可能となります◀。

> **アドバイス**
> 保育の計画は子どものためはもちろんのこと，保育者や保護者にとっても必要不可欠であることがわかります。

2. 幼稚園，保育所，認定こども園の教育課程

　保育の計画は，その意義によって種類があります。ここではその種類を整理し説明していきます（図5－1）。

　まずは園としての教育理念や基本方針という保育の全体像を示した「全体的な計画」があります。これは，『保育所保育指針』，『幼稚園教育

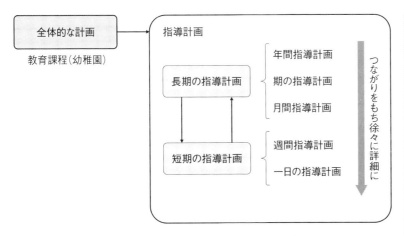

図5−1　全体的な計画と指導計画の構成

要領』，『幼保連携型認定こども園教育・保育要領』において，共通に使われている言葉です。

　『幼稚園教育要領』によると，「全体的な計画」の中に教育課程とそれ以外の時間の教育活動（預かり保育）の計画，安全・防災などの計画が入ります。「全体的な計画」は保育の質の向上に関係した重要なものであり，園長や施設長のリーダーシップのもと全職員が十分な共通認識を持たなければなりません。

　「全体的な計画」をもとにして，長期の指導計画と短期の指導計画が作成されます。

　長期の指導計画とは，1年間の保育を見通す年間指導計画（年案）や，2，3か月ごとに区切り見通しを立てる期の指導計画（期案），1か月間を見通す月間指導計画（月案）があります。

　短期の指導計画とは，1週間を見通す週の指導計画（週案），その日一日の保育を見通す一日の指導計画（日案）があります。

　「全体的な計画」に示された目標を達成するために，具体的にどのような保育内容を計画していくか検討し，長期の指導計画から短期の指導計画へと徐々に具体性が増していきます。つまり，これらはすべて「全体的な計画」にある目標を達成するという点で一貫性を持たなければならないのです。その性質上，短期の指導計画であればあるほど修正することが多く，臨機応変な対応が求められるでしょう。

3. 実習における指導計画（指導案）の作成

（1）実習で作成する指導計画（指導案）とは

　実習中に作成する指導案は，実習生が担当する保育について子どもの活動を予測しながら立てる計画です。指導案を作成することで，保育の流れや実習生のとるべき援助がより明確にイメージでき，保育の助けとなるでしょう。もちろん，実際に保育者となった際に立てる指導計画の練習にもなります。指導案作成の流れは，図5－2のとおりです。

　指導案は部分実習，あるいは全日実習をする日程とクラスが決まった段階から計画を立て始めます。実習生が立てた指導案は，その後何度も担当保育者の指導を受けながら仕上げていきます。なぜなら実習生は，実習期間という限られた時間の中で実習園の子どもと関わるため，実習初期の段階で立てた指導案では，在園児の子どもの姿との間に，ずれが生じている可能性が高くなります。そのため，実習期間を通して子どもたちと深く関わり，指導案を修正していく必要があるのです 。

▶アドバイス

　修正前の指導案は必ず保管しておきましょう。どういった過程で修正されていったのかを明確にすることで，計画立案の力が身に付きます。実習後には必ず振り返りましょう。

> **オリエンテーション（打ち合わせ）で指導案の様式や担当クラスを確認する**
> 指導案は実習園の様式を使用するのか，学校の様式を使用するのかなどを確認します。担当するクラスが決まっている場合は，日程や担当する時間を含めて確認をしておくようにしましょう。

> **指導案を立てる**
> オリエンテーション（打ち合わせ）で確認した内容をもとに，実際に指導案を作成します。制作活動と運動遊びなど，違ったバリエーションで複数考えておくと，クラスの状況に合わせて柔軟に対応できます。

▶アドバイス

担当保育者からの指導

　園によって指導を受ける体制が異なります。園の情況に対して臨機応変に指導を受ける心構えが重要です。

> **担当保育者から指導を受ける**
> 実習が開始し指導案が一度完成したら，早めに担当保育者に見てもらい指導を受けましょう。わからないことは自分から質問し，可能な限りアドバイスをいただきましょう。

> **指導案を修正する**
> 指導を受けた内容や，実際に子どもたちと関わりながら理解した発達などに合わせて，ねらいや活動内容を修正しましょう。

図5－2　指導案作成の流れ

（2）指導案の 5 つのポイント

　指導案を立てる際，大きく分けて 5 つの項目があります（図 5 - 3）。子どもの活動を予測し，それに対して自分がどのように対応するのかイメージしながら計画を立てましょう。

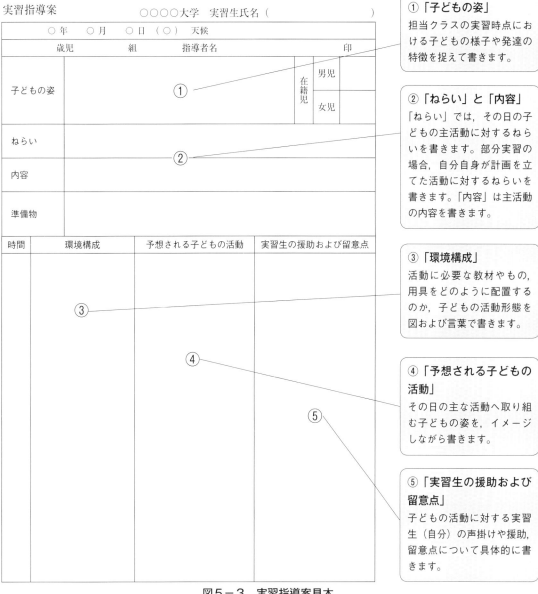

図 5 - 3　実習指導案見本

1）子どもの姿

　子どもの姿は，実習するクラスの子どもたちを以下の視点から意識すると捉えやすくなります。

> **子どもの姿を記入するときの 3 つの視点**
> **遊び**：子どもたちがどんな遊びに興味，関心を持っているのか
> **人との関わり**：大人や友だちとはどんな関係なのか
> **健康・生活・安全**：基本的生活の自立はどの程度なのか

アドバイス

　一般的な発達段階を理解していることは基本となりますが，ここでは一歩踏み込んで，担当クラスの子どもの様子や発達の特徴を捉えることが目標となります。

　子どもの姿を具体的に捉えることで，子どもの状況に沿った活動内容や援助の方法を明確に定めることができます◀。子どもたちが楽しみながら活動しやすい内容を計画しスムーズに活動を展開するためには，子どもの姿を捉えることは必須です。指導案の様式によっては「子どもの姿」の欄がない場合もありますが，指導案を書く際にはこのポイントを理解しておきましょう。

2）「ねらい」と「内容」

　「ねらい」とは，主活動を通して育てたい子どもの姿を現しています。実習生はまず，担当保育者の立てた週案の「ねらい」をヒントにしてみましょう。子どもたちの生活はつながっています。実習生が計画した活動のみが切り離されることなく，つながりを持って計画することを心掛ける必要があります。担当保育者の週案をヒントにすることは実習生の助けにもなりますが，子どもの生活を考える上でも重要です。

　「ねらい」は「子どもにとってのねらい」です。必ず子どもが主語となるよう具体的に表現します。例えば「鬼ごっこを楽しむ」とした場合，子どもたちが鬼ごっこの何を楽しむのか曖昧です。「鬼ごっこを通して，つかまえたり，つかまえられたりする楽しさを味わう」「鬼ごっこを通して，友だちと一緒に全身を使って遊びを楽しむ」など，年齢や状況によりねらいは変化するはずです。この点を明らかにして「ねらい」を考えましょう。また，季節感に配慮することも大切です。

　「内容」は「ねらい」を実現するための活動です。どのような活動であれば「ねらい」を実現できそうか考えて計画します。活動内容を先行させてしまい，「ねらい」と「内容」が合致しない指導案にならないように気を付けましょう。「内容」も「ねらい」と同様に具体的に記入します。

┌───┐
│ 記入例   │
│ ×「鬼ごっこを楽しむ」   │
│ ↓　具体的な表現に改める   │
│ ○「鬼ごっこを通して，つかまえたり，つかまえられたりする楽しさを │
│ 　　味わう」   │
│ ○「鬼ごっこを通して，友だちと一緒に全身を使って遊びを楽しむ」   │
└───┘

3）環 境 構 成

　環境構成は，子どもの活動に必要な道具や教材等の位置関係を図や文章で書きます。必要な道具や教材については，可能な限り用意する数や置き場所など詳しく書いておきましょう。子どもの座る位置や保育者・実習生の立ち位置といった人的環境の位置もこの欄に記入し，図示することでよりわかりやすくなります。

4）予想される子どもの活動

　予想される子どもの活動は子どもの動きを予測して書きます。責任実習では，登園から降園までの日々の決まった子どもの活動と，その日の主活動の始まりから終わりまでの時間軸で記入します。責任実習の指導案は一日の流れに沿って記入するため，主活動の部分だけさらに詳細な指導案を作成すると，より綿密な計画が立てられます。部分実習では，実習生が担当する活動の始まりから終わりまでを記入します。

　この欄に関しても，文章は子どもを主語にして記入しましょう。活動への子どもの反応，興味，どのように発展していくのか，その展開の時間経過などを予測して記入していく必要があります。

　子どもの姿をすべて予測することはほぼ不可能ですし，いくら計画を立てても予定通りにいくとは限りません。しかし，子どもの姿を予想しておくことは保育の流れをつかむことにつながり，それはハプニングに柔軟に対応する力にもつながるのです。

5）実習生の援助および留意点

　実習生の援助および留意点には，子どもへの関わり方や遊びの展開などを記入します。遊びを展開するときの言葉掛けや自分の立ち位置なども予測して記入しましょう。

　この欄を記入する上で前提となるのは，記入者が予想している子どもの活動です。そのため，前述の「予想させる子どもの活動」と対応させて記入することとなります。双方ともにさまざまなハプニングなども予測して，どのように対応するのかを考えておくと，より明確に活動を想

像できます。また，配慮の必要な子どもなどを事前に把握し，いくつかの対応を考えて記入します。

（3）部分実習（主活動部分）の指導案作成

部分実習とは一日のある部分の保育を担当する実習で，多くは主活動部分を担当します。主活動には造形活動・音楽活動・運動やゲームなどがあり，時には絵本の読み聞かせや手遊びなど10分程度のものも部分実習とみなす場合もあります。また，日課として毎日繰り返される活動である朝の会や給食の時間，午睡の時間などを任される場合もあります。

1）指導案の書き方

それでは，指導案作成の流れを確認していきましょう。

① 一日の流れ（デイリープログラム）を確認しましょう

オリエンテーション（打ち合わせ）などで教わった一日の流れを確認しましょう。実習園の子どもたちがどういった一日を過ごしているのか想像し，その生活のリズムを大切にしながら計画を立てます。活動の時間配分を考えるときに必要不可欠です。指導案作成時に一日の流れがわからない場合は，一般的な一日の流れを思い浮かべて作成します。

② 子どもの姿を捉えましょう ◀

チェック！

実習の前後あるいは実習中に実施される行事についても確認しましょう。行事に合わせた子どもの姿を検討する必要があります。

オリエンテーション（打ち合わせ）などで教えていただいた情報や，すでに修得した知識を基に，自分が実習する時期の子どもの姿を予測し，書き出してみましょう。

③ 発達過程と照らし合わせながら，「ねらい」を考えましょう

担当クラスの年齢はもちろんですが，その前後の発達過程も確認しましょう。発達の見通しを持って計画を立てることが重要です。②で挙げた子どもの姿と発達過程を照らし合わせて「ねらい」を考えます。

「ねらい」は必ず子どもが主語となり，その姿がイメージできるよう具体的に書きます。

④ 「ねらい」を達成するための「内容」を考えましょう ◀

アドバイス

実習開始後に担当クラスが変更となる場合があります。活動の難易度を下げる場合と，活動を一歩先へと展開した場合の内容を考えておくと，実習中にスムーズに対応できます。

ここで考える「内容」はあくまでも「ねらい」を達成するために必要な活動です。子どもたちが楽しめることはもちろんですが，この目的意識を明確に持った上で計画を立ててください。

⑤ 「内容」を展開する上で必要な道具を考えましょう

計画した「内容」をスムーズに展開するために，どういった道具が必要でしょうか。画用紙であれば，何色の画用紙を何枚準備しておけばいいのかなど，活動中に不足することのないよう詳細に考えます。素材を

そろえるだけではなく，事前に素材を加工するなどして準備するものも明確にしておきましょう。

⑥「内容」を展開するための環境構成を考えましょう

活動隊形や物の配置など，活動をスムーズに展開するための環境構成を考えましょう▶。子どもの位置や実習生の位置など，保育室の環境に合わせて計画を立てます（図5－4）。図示するとわかりやすいですが，図のみで説明できない場合は，その都度文章でも記入していきます。

アドバイス
練習として自分の部屋や教室の環境構成図を書いてみましょう。

⑦「内容」を展開する際の子どもの活動を予測しましょう

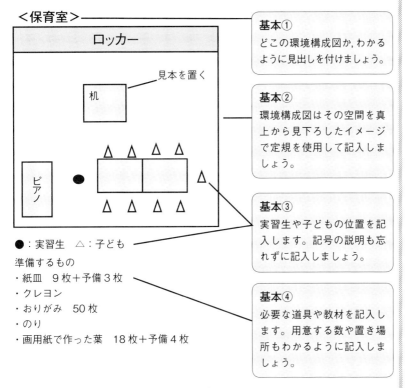

<保育室>

ロッカー

見本を置く

机

ピアノ

●：実習生　△：子ども

準備するもの
・紙皿　9枚＋予備3枚
・クレヨン
・おりがみ　50枚
・のり
・画用紙で作った葉　18枚＋予備4枚

基本①
どこの環境構成図か，わかるように見出しを付けましょう。

基本②
環境構成図はその空間を真上から見下ろしたイメージで定規を使用して記入しましょう。

基本③
実習生や子どもの位置を記入します。記号の説明も忘れずに記入しましょう。

基本④
必要な道具や教材を記入します。用意する数や置き場所もわかるように記入しましょう。

図5－4　環境構成図の見本

子どもたちはどのような反応をするでしょうか。行動や言葉など，予測をしていきます。ハプニングも含めて予測することが重要ですが，基本的には実習生が子どもにしてほしい活動や反応と実習生が困るような活動や反応を予測しておく必要があります。書ききれない場合は付箋などにメモをしておくと役に立ちます。

⑧ 子どもの活動に対する実習生の対応を考えましょう

子どもの活動と合わせて，実習生の対応について考えましょう。ここでは子どもに対する言葉掛けも含めて記入をしていきます。実際にどの

✐ チェック！

　部分実習の指導案見本ではどのような工夫がされていますか。その意図も含めて考え、確認してみましょう。

ように言葉を掛けるのか、その場面を予測しておくことで実際の場面でも動揺を抑えて対応できます。カッコ書きで書いていきましょう。

　⑨「内容」に対する導入とまとめを考えましょう◀

　子どもたちが活動にスムーズに取り組むことができ、「ねらい」を達成するためには、導入とまとめが必要不可欠です。子どもたちが活動に対して興味を抱けなければ、子どもたちが主体的に活動に取り組むことはできません。どうしたら活動に対して興味・関心を抱き、主体的に活動することができそうか考えます。また、活動を終了する際もどのようにまとめるか考えておかなければなりません。子どもたちの生活は、そこで終わるわけではありません。場合によっては、当日や翌日へと遊びがつながり広がっていくかもしれません。子どもにとって曖昧なまとめが一番混乱を招きます。どのように言葉を掛け、まとめることがふさわしいのか考えましょう。

　「ねらい」と「内容」は先に定める必要がありますが、その他は考える順番に決まりはありません。むしろ、綿密な計画を立てるためには繰り返し自分自身の計画を振り返り、修正をしなければなりません。何度も修正を繰り返すことこそが、よい計画への第一歩です。

（4）全日実習の指導案作成

　全日実習とは、一日の一部分のみを担当する部分実習とは異なり、一日すべての活動を実習生が担当するものです。全日実習の指導案作成においては、ほぼ主活動部分の作成手順と同様となります。しかし、全日実習では一日の活動すべてを予測し、計画を立てていきます。まずは毎日ほぼ決まっている内容（登園や降園など）を記入します。その後、部分実習と同様に主活動部分の計画を立て、主活動を中心として前後の活動の時間配分を決めていきます。

　ポイントはすべての活動に対して連続性を意識することです。その日一日の活動はもちろんですが、前日や翌日の活動も意識しながら計画を立てましょう。

（5）園庭マップ（環境構成図）を用いた指導案の作成

　子どもたちは環境に関わりながら、遊びを展開していきます。登園後は自由に遊びを展開しますし、実習園の方針によっては自由保育を主とする場合もあるでしょう。子どもたちの園生活は、決して一斉活動のみで構成されているわけではありません。そのため、環境構成図を中心と

してさまざまな子どもの姿を予測し，また，子どもの遊びをより豊かに展開するために，環境構成について工夫を凝らす必要があるでしょう。

　環境構成図を用いた指導案作成は，このような場合に有効な指導案形式となっています（図5−5）。環境構成図を中心として，さまざまな子どもの姿や活動を予測し，実習生の援助や配慮を検討することができます。時系列形式の指導案▶を作成する際に，「子どもの活動をどの程度予測すればいいのかわからない」という声をよく聞きます。この形式で指導案を作成することで，場所と子どもの活動が結び付き，より多くの活動を予測することが可能となるでしょう。また，保育において重要となる環境構成について，より深く考察をすることができます。日々の実習日誌の記述とともに指導案作成においても，子どもの姿と環境構成についてより考察することを心掛けてみてください。

> **アドバイス**
> 時系列形式の指導案作成にもメリットがあります。どういった場合に時系列形式が役に立つか考えてみましょう。

環境構成図を記入します。

＜保育室・登園後の自由遊び＞

ロッカー

① 机

② ピアノ

①：準備しておいた本に興味を持ち，一人で読んだり友だちと読む子がいる。
　→主活動への広がりを持たせるために，「どんな生き物がいる？」などと問いかけながら会話する。
　準備：魚や水辺の生き物に関する絵本や図鑑，絵を描く紙

②：友だちと一緒に身支度をしている子がいる。
　→身支度をしている様子を観察しつつ，必要に応じて援助をする。
　準備：必要なものは点在させない。ロッカー周辺の整理に注意する。

環境構成図をふまえて，各所で見られそうな子どもの姿を予測して書き出します。
実習生の対応や，必要な準備物なども記入しておくとよいでしょう。

この時間・この場での実習生の援助および配慮事項を書き出しておきます。

＜実習生の援助および配慮＞
・登園した後は，一人ひとりのペースに合わせた関わりを意識しながら言葉を掛ける。
・机の上に用意した絵本や図鑑が見えやすいように配置に気を付ける。
・友だちが遊んでいる姿を見つけると，他の子どももその場に近づいてくることがあるため，その際は立ち位置に気を付けて，場合によっては広い場所に移動する。
・友だちと関わることが多くなったことでけんかすることもある。それぞれの気持ちが伝わるように言葉を掛け，友だちと一緒に活動することの楽しさを感じられるよう配慮する。

図5−5　環境構成図を用いた指導案見本

表5－1　実習指導案

〇〇〇〇大学　実習生氏名（　　　　　　　　　）

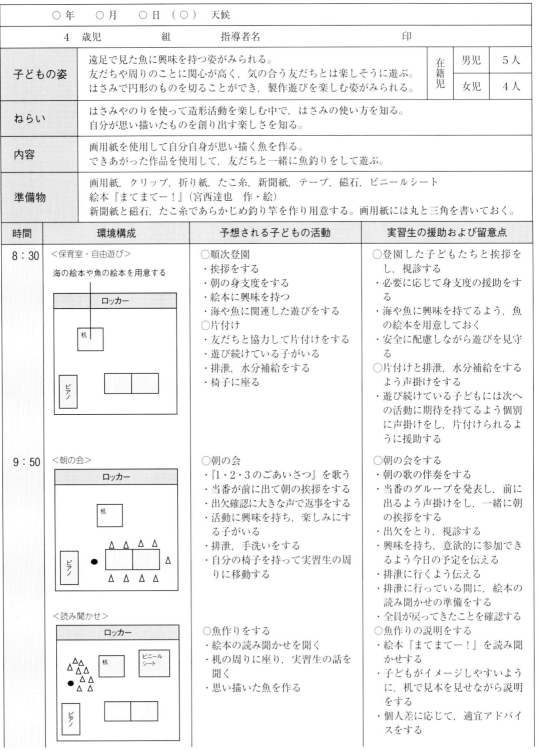

			〇 年　　〇 月　　〇 日（〇）　天候		

| | 4　歳児　　　　組 | 指導者名 | | 印 | | |

| | | | | | 在籍児 | 男児 | 5 人 |
| 子どもの姿 | 遠足で見た魚に興味を持つ姿がみられる。
友だちや周りのことに関心が高く，気の合う友だちとは楽しそうに遊ぶ。
はさみで円形のものを切ることができ，製作遊びを楽しむ姿がみられる。 | | | | | 女児 | 4 人 |

ねらい	はさみやのりを使って造形活動を楽しむ中で，はさみの使い方を知る。 自分が思い描いたものを創り出す楽しさを知る。
内容	画用紙を使用して自分自身が思い描く魚を作る。 できあがった作品を使用して，友だちと一緒に魚釣りをして遊ぶ。
準備物	画用紙，クリップ，折り紙，たこ糸，新聞紙，テープ，磁石，ビニールシート 絵本『まてまてー！』（宮西達也　作・絵） 新聞紙と磁石，たこ糸であらかじめ釣り竿を作り用意する。画用紙には丸と三角を書いておく。

時間	環境構成	予想される子どもの活動	実習生の援助および留意点
8：30	＜保育室・自由遊び＞ 海の絵本や魚の絵本を用意する	○順次登園 ・挨拶をする ・朝の身支度をする ・絵本に興味を持つ ・海や魚に関連した遊びをする ○片付け ・友だちと協力して片付けをする ・遊び続けている子がいる ・排泄，水分補給をする ・椅子に座る	○登園した子どもたちと挨拶をし，視診する ・必要に応じて身支度の援助をする ・海や魚に興味を持てるよう，魚の絵本を用意しておく ・安全に配慮しながら遊びを見守る ○片付けと排泄，水分補給をするよう声掛けをする ・遊び続けている子どもには次への活動に期待を持てるよう個別に声掛けをし，片付けられるように援助する
9：50	＜朝の会＞	○朝の会 ・『1・2・3のごあいさつ』を歌う ・当番が前に出て朝の挨拶をする ・出欠確認に大きな声で返事をする ・活動に興味を持ち，楽しみにする子がいる ・排泄，手洗いをする ・自分の椅子を持って実習生の周りに移動する	○朝の会をする ・朝の歌の伴奏をする ・当番のグループを発表し，前に出るよう声掛けをし，一緒に朝の挨拶をする ・出欠をとり，視診する ・興味を持ち，意欲的に参加できるよう今日の予定を伝える ・排泄に行くよう伝える ・排泄に行っている間に，絵本の読み聞かせの準備をする ・全員が戻ってきたことを確認する
	＜読み聞かせ＞	○魚作りをする ・絵本の読み聞かせを聞く ・机の周りに座り，実習生の話を聞く ・思い描いた魚を作る	○魚作りの説明をする ・絵本『まてまてー！』を読み聞かせする ・子どもがイメージしやすいように，机で見本を見せながら説明をする ・個人差に応じて，適宜アドバイスをする

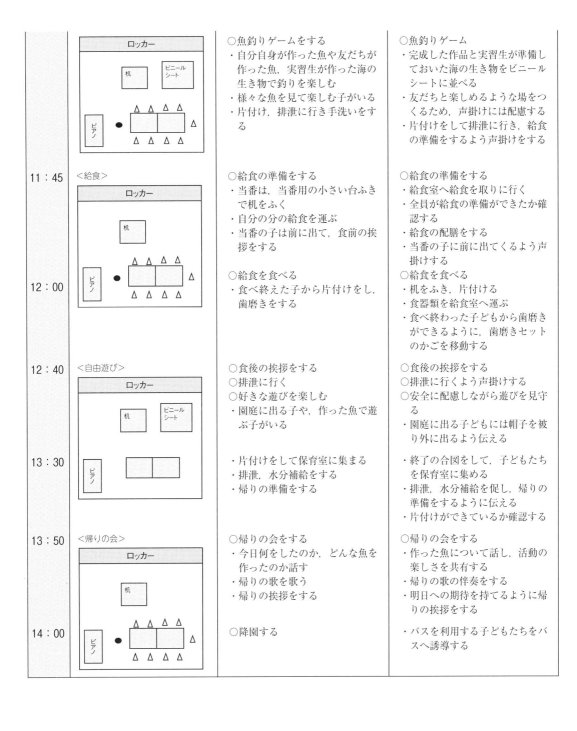

時間	環境構成	予想される子どもの活動	保育者（実習生）の援助と留意点
		○魚釣りゲームをする ・自分自身が作った魚や友だちが作った魚，実習生が作った海の生き物で釣りを楽しむ ・様々な魚を見て楽しむ子がいる ・片付け，排泄に行き手洗いをする	○魚釣りゲーム ・完成した作品と実習生が準備しておいた海の生き物をビニールシートに並べる ・友だちと楽しめるような場をつくるため，声掛けには配慮する ・片付けをして排泄に行き，給食の準備をするよう声掛けをする
11：45	＜給食＞	○給食の準備をする ・当番は，当番用の小さい台ふきで机をふく ・自分の分の給食を運ぶ ・当番の子は前に出て，食前の挨拶をする	○給食の準備をする ・給食室へ給食を取りに行く ・全員が給食の準備ができたか確認する ・給食の配膳をする ・当番の子に前に出てくるよう声掛けする
12：00		○給食を食べる ・食べ終えた子から片付けをし，歯磨きをする	○給食を食べる ・机をふき，片付ける ・食器類を給食室へ運ぶ ・食べ終わった子どもから歯磨きができるように，歯磨きセットのかごを移動する
12：40	＜自由遊び＞	○食後の挨拶をする ○排泄に行く ○好きな遊びを楽しむ ・園庭に出る子や，作った魚で遊ぶ子がいる	○食後の挨拶をする ○排泄に行くよう声掛けする ○安全に配慮しながら遊びを見守る ・園庭に出る子どもには帽子を被り外に出るよう伝える
13：30		・片付けをして保育室に集まる ・排泄，水分補給をする ・帰りの準備をする	・終了の合図をして，子どもたちを保育室に集める ・排泄，水分補給を促し，帰りの準備をするように伝える ・片付けができているか確認する
13：50	＜帰りの会＞	○帰りの会をする ・今日何をしたのか，どんな魚を作ったのか話す ・帰りの歌を歌う ・帰りの挨拶をする	○帰りの会をする ・作った魚について話し，活動の楽しさを共有する ・帰りの歌の伴奏をする ・明日への期待を持てるように帰りの挨拶をする
14：00		○降園する	・バスを利用する子どもたちをバスへ誘導する

参考文献

・文部科学省：幼稚園教育要領，フレーベル館，2017.
・厚生労働省：保育所保育指針，フレーベル館，2017.
・内閣府，文部科学省，厚生労働省：幼保連携型認定こども園教育・保育要領，フレーベル館，2017.
・無藤隆：幼稚園教育要領ハンドブック 2017 年告示版，学研教育みらい，2017.
・汐見稔幸：保育所保育指針ハンドブック 2017 年告示版，学研教育みらい，2017.
・汐見稔幸・無藤隆：幼保連携型認定こども園教育・保育要領ハンドブック 2017 年告示版，学研教育みらい，2017.
・太田光洋編著：保育内容の理論と実践―保育内容を支える理論とその指導法―，保育出版会，2018.

06 見学実習，観察・参加実習

1. 見学実習

（1）見学実習の内容

見学実習では，幼稚園や保育所などの特色や園環境，一日の流れや子ども同士の関わり，保育者と子どもの関わり，保育者と保護者との関わりなど具体的な姿を見学することで，現場の雰囲気を肌で感じることが主な内容となります。すべてが見学できるわけではありなせんが，将来，保育者として働く上での具体的なイメージを描けるような視点を持って見学することが大切です。その際，保育者の動きを中心に見ながら，大まかな流れや園生活を知るようにしましょう。また，見学時は保育の流れや子どもの活動の妨げにならないよう十分に注意しましょう。

1）登 園 時

保育者は登園前に子どもたちを迎える準備をします。掃除をしたり，動植物の世話をしたり，遊具や教材などの保育室の環境を整えるなどさまざまな動きをしています。また，登園時間は，決まった時間にほとんどの子どもが登園してくるところもあれば，園バスで通園する子どもや，保育所，認定こども園では登園時間の幅が広いことがあります。その場合，保育者の動きも，子どもを受け入れたり，子どもと一緒に遊んだり，次の活動の準備をするなど保育者ごとに違っている場合もあります▶。登園時の挨拶や子どもの様子，保護者との会話など保育者の様子をよく見てみましょう。所持品の始末や出席シールを貼る様子，保育者が連絡帳を確認する姿なども把握するようにしましょう。

2）登園後の活動

昼食までの過ごし方は園によってさまざまですが，子どもたちと保育者がどのような生活をつくり出しているか具体的な姿を見てみましょう。例えば，一人ひとりが好きな遊びを見つけて遊びだす姿や，さまざまな環境に触れながらじっくりと遊んでいる姿，保育者に促されて遊びに参加する姿，子ども同士が関わり合いながら遊びを展開している姿な

▷**アドバイス**

子どもの健康状態や家庭での様子，保護者の思いを受け止める大切な時間でもあります。実習生は子どもと関わりながら，それぞれの動きを観察してみましょう。

ど，会話やつぶやき，表情やしぐさなどに注目してみるのもよいでしょう。また，各クラスの一斉活動を見学するときも，保育者の声掛けや動き，子ども一人ひとりの様子とクラス全体の動きなども見てみましょう。

保育所では，排せつ，おむつ交換，着替えなど生活の場面も見てみましょう。排せつのときの保育者の言葉掛けや，自分で着替えたり自分で排せつするための援助や環境の工夫がどのようになされているのか，どのような手順で行っているのか，一日のどのようなタイミングで行われているかなども把握しましょう。また，おやつは午前と午後にありますが，準備や片付けの手順，環境構成や配慮，午前と午後の子どもの姿の違いなどを子どもの様子から見てみるのもよいでしょう。

3）昼食から午後の活動

昼食の前にはそれまでの活動の片付けを促し，テーブルのセッティングや配膳などの準備をします。子どもたちも保育者の声掛けなどにより手洗い，うがい，排せつなどを済ませ昼食の準備をします。お弁当か給食かによっても違いますが，それぞれの園の保育者の指示の仕方や流れなどを見てみましょう。食事中の子どもたちの会話や楽しく食事をするための配慮，好き嫌いの指導，食事のときの挨拶やマナーなどを把握したり，食後の片付けや歯磨きの様子なども見てみましょう。

昼食後，降園までの時間の過ごし方も園によってさまざまですが，午前中の活動や遊びとのつながりを意識して見るのもよいでしょう。保育所では昼食後，午睡の準備をします。後片付けをしたり，布団を出したり，子どもたちは着替えや排せつをして午睡に入ります。午睡をしている間の保育者の様子や午睡後のおやつの時間の声掛けや子どもの姿も見てみましょう。

4）降 園 時

降園時，多くの園ではクラスで集まって簡単な手遊びをしたり，絵本や紙芝居の読み聞かせをしたり，その日にあったことを話し合ったり，翌日のことを伝えたりします。このような集まりのときの子どもや保育者の様子をよく見たり，朝と同じように子ども一人ひとりに対する言葉掛けやお迎えに来た保護者とどのように関わっているかも見てみましょう。また，降園後も保育者にはさまざまな仕事があるので，その様子も見てみましょう。

（2）園の概要を知る

見学にあたっては，幼稚園，保育所や認定こども園の特性を理解して

おくことはもちろんですが，実習園の特徴を知ることで目的を持って見学することができます。インターネットなどで事前に調べたことや，オリエンテーションで教えていただいたこと，あるいは園の「要覧（パンフレット）」などに書かれた内容を整理し記録しておきましょう。園の概要は次のような項目で整理します。

　園名，所在地，園長名，園の規模（園児数，クラス構成，教職員構成など），沿革（実習園の設立経緯，設置主体や成り立ち，歴史など），園の教育・保育方針（目標），園の環境（園の周囲の地理的環境や園庭，保育室，遊具などの環境図など），園の社会的取り組みなど。

　園の環境図を描くことで子どもたちの生活や遊び，保育者の動きや援助をイメージしたり，環境構成について学ぶ上でも役立ちます▶（図6－1）。また，園の地理的環境を把握することで，地域の特色と園の保育のあり方のつながりを理解することにもなります。

　また，園の社会的取り組みを整理することで，実習園が行っている地域社会との交流や地域の子育て支援の拠点としての役割の実際を把握することに役立ちます（表6－1）。

図6－1　園の環境図　記入例

表6－1　園の概要　記入例

実習園の概要

園　名　　　　○○幼稚園

所在地　　　　〒123-4567　○○県○○市○○区１－２－３

電話番号　　　000－000－0000

園長名　　　　○○○○　先生

教職員構成　　教諭16人　　その他職員５人　　合計21人

園児数　　　　合計161人　　クラス数６クラス（男82人・女79人）

3歳児クラス				4歳児クラス				5歳児クラス			
クラス名	男	女	計	クラス名	男	女	計	クラス名	男	女	計
たんぽぽ	12	12	24	りす	15	14	29	つき	14	13	27
ひまわり	11	13	24	こあら	17	12	29	ほし	13	15	28

〔園の沿革〕

昭和40年４月創立。学校法人○○学園として発足する。

昭和41年より５歳児50人（２学級），４歳児60人（２学級）で開始する。

昭和57年より３歳児保育の開始。園児増員のため園舎改築工事。増築する。

平成15年ビオトープ設置。学童クラブの開設。

平成17年より預かり保育，給食を開始する。

平成24年園庭の改築，アスレチック導入。子育てサロンを開設。

〔園の保育方針（目標）〕

遊びを通して一人ひとりが個性を活かし，友だちと豊かな関わりを持ちながら健やかに成長し，やさしさやたくましさなど豊かな人間性を育みます。

１．心身ともに健康な子どもを育てる。

２．よく考え協同する子どもを育てる。

３．創造性豊かに最後まで頑張りぬく子どもを育てる。

〔園の地理的環境・通園状況〕

JR線が近く交通の便がよい住宅地に位置している。すぐ近くに△△公園があり広い遊び場がある。幼稚園の隣に××小学校や消防署があり，東側に国道○号線が通っている。通園は，通園バスは４コースあるが，ほとんどが徒歩通園である。保護者による車での登園も可となっている。

〔園の社会的取組み〕

２～３歳児の未就園児を対象としたクラスや預かり保育，長期休暇中の預かり保育も実施している。障害児の受け入れや地域の老人ホームの訪問，××小学校との交流，子育てサークル支援事業も行っている。保育後の体操教室も園で実施している。

2. 観察・参加実習

　見学実習の次の段階として，観察・参加実習があります。実際に保育の場に身を置き，子どもの姿や保育者の援助などの理解を深める点において，観察と参加は別々のものとして分けるのではなく，同時に行うことが多いため，これを参与観察と呼ぶこともあります。本書では，それぞれを理解しやすいよう，観察実習，参加実習を分けて解説します。

（1）観察実習とは

1）意義と目的

　観察実習は，子どもを漠然と「見る」のではなく，保育者が子どもとどのような関わりをしているのか，子どもの行為や表情，周囲の環境や友だちとの関わりなどを「観る」ことで，保育者の願いや子どもの内面，行為の意味を「察する」ことです。

　乳幼児にとって遊びは生活そのものであり，夢中になって自分の好きな遊びを展開していく中で充実感を味わったり，達成感を味わったり，発達に必要なさまざまな体験が積み重ねられています。子どもが何を楽しみ，何に心を動かされているのか，保育者がどのように関わっているのか，保育者の援助に対して子どもの遊びや生活がどのように支えられているのかを観察します。このような経験が「子どもの世界をみる目」や「保育の営みを知る目」を養うことにつながっていくのです。

　そしてこのことは，近年注目されているイタリアのレッジョ・エミリア市の乳幼児教育や，ニュージーランドの幼児教育カリキュラムのテ・ファリキともつながることです。どちらの実践も注目すべき点はたくさんありますが，中でも子どもの活動をどのように意味付けるかという点において観察の意義や目的，観察時の記録とも重なる部分があるのです。レッジョ・エミリアの乳幼児教育では，子どもは「100の言葉」を持つ存在として子ども一人ひとりの多様な表現を認め，上手・下手，できる・できないという結果をみる視座ではなく，子どもの姿を捉え意味付け，記録（ドキュメンテーション）を通して子どもの行っている表現や子どもの権利を可視化できる大人の側の能力が保育の質に関わる[1]とされています。また，テ・ファリキでは，一人ひとりの子どもに焦点を当て，子どもの経験した学びの軌跡を丁寧に見取り，「学びの物語（ラーニン

グストーリー）」として記録し，子どもの成長する姿を浮き彫りにしていくことを可能にしています。これらの実践の記録は，保育を展開していく重要な資料となり，保育者同士や保育者と保護者，保育者と子どもの対話を可能にしていくのです。観察によって育まれる「子どもの世界をみる目」や「保育の営みを知る目」は保育者となったときの保育を構想していく力にもつながっていくのです。

2）観察実習の内容

① 保育者の姿から援助や活動の仕方，保育者の役割を理解する

一人ひとりの子どもの成長・発達を支えるためのどのような援助や指導がなされているか観察します。環境構成や教材，材料や用具の準備など子どもと直接関わること以外の保育や，保護者への対応，職員による役割分担，連携の実態，子どもの行為の捉え方の保育者間での違いなども観察してみましょう。

② 子どもの姿を理解する

園生活の流れや活動について理解するとともに，一人ひとりの子どもの姿について，個々の発達の違いやその子の特徴，子どもの思い，興味・関心の方向性や，遊びの内容，友だちとの関わりなど，問題意識を持って具体的に観察してみましょう。また，グループの様子やリーダーの存在など子ども同士の人間関係を把握したり，グループでの遊びや活動の特徴，クラス全体の雰囲気なども観察してみましょう。

3）観察の方法

① 保育者について学ぶ

保育者の姿を手掛かりに，子どもの成長・発達を支えるために必要な経験をどのように保障し，援助がなされているかを観察します。子どもが興味・関心を持っている姿に対し，保育者がどのような言葉を掛けているのか，なぜ，保育者は今のタイミングで声を掛けたのか，今の言葉掛けの意味は何かなどを考えながら観察してみましょう。また，子どもがどこまで自分でやりたがっているのか，できるのかを確認しながら関わる姿や個人差，その日の体調，気分によって異なる援助や配慮，共感的な受容の仕方など，子どもの実態に合わせた保育がどのようになされているかなどに注目して観察してみましょう。保育

者のさまざまな関わりについて，自分が保育者としてその場にいたらどのような関わりをするかを考えながら観察したり，保育者の立ち位置▶をよく確認してみるのもよいでしょう。保育者がその場にいるということは何らかの理由があるはずですので，なぜそこにいるのかも考えてみましょう。

アドバイス
　保育者の立ち位置を実習生も参考にしてみるとよいでしょう。

　② 環境構成や子どもの作品から保育の営みを知る

　保育者が直接子どもと関わる以外の保育の一つに環境構成があります▶。教材や素材，用具の準備，数量や整理の仕方，どの場所にどのように置かれているか，図鑑や写真，保育室内の設えや園の中の景色，遊具や園庭の使い方など，環境構成には保育者が必要であると考える遊びの展開や生活，発達に必要な経験のための意図が込められています。それぞれがどのような意図で置かれているのか，子どもが好きな遊びを見つけて夢中になれる環境づくりがどのようになされているのか，子どもの遊びの続きが環境によってどのように保障されているのか，環境の意味を子どもの姿から考えてみましょう。また，子どもの作品や壁面装飾などの掲示物には子どもの遊びや経験のプロセスがあり，保育者の願いを知る手掛かりがあります▶（図6－2）。子どものさまざまな表現から，保育でどのようなことを大事にしているのかも考えてみましょう。

アドバイス
　環境構成は，遊びの展開や経験の幅を広げるだけではなく，片付けのしやすさや身の回りを整えることにもつながります。

アドバイス
　保育室の作品や展示物は，子どもの姿を発信していくものでもあります。どの子どもの作品も同じ物なのか，一人ひとりの作品が違っているのかに注目してみるのもよいでしょう。

a　アートのインスピレーションから生まれた子どもたちの作品　　b　さまざまな場所で採取した土の絵の具

図6－2　子どもの遊びや生活経験のプロセスが見える保育室
【写真協力】幼保連携型認定こども園清心幼稚園（群馬県前橋市）

③ 子どもについて学ぶ

　まずは，一人ひとりの子どもの姿を観察します。子どもと同じ目線に立って，子どもの遊びをじっくりと観ます。遊びの妨げにならないように少し距離をおくことも大切です。子どもの名前と性格や特徴を把握したり，遊びの種類や内容，誰と何をしているのかなど外的な特徴を捉えたり，子どものつぶやきや表情，体の動きなどから何に興味を持っているか，友だちとの関わりはどうか，何におもしろさを感じているのかなど，子どもの気持ちも捉えるようにしましょう。単に子どもの動きや発話を観察して記録するだけではなく，子どもの行為や発話の意味を推察しながら子どもの内面を理解しようとする姿勢が大切です。何に着目して観察しているのかということを常に念頭に置きながら観察しましょう。また，メモを取ることにばかりに集中していると周囲が見えなくなったり，子どものわずかな変化を見逃してしまったりするので注意しましょう。メモの取り方や実習生の立ち位置などは，あらかじめ確認をすることも大切です。指示がない場合は，子どもの生活の流れに支障がなく，様子を観察しやすい場所を探してみましょう。見学，観察であっても子どもの生活の場に入っていくわけですから，話し掛けられたりする場合もあると思いますが，臨機応変に柔軟な対応が必要になります。また，ある程度の関わりが許されている場合には，子どもの要望に応えつつも全体の様子を見ることや観察の視点を忘れないようにしましょう。

> **アドバイス**
>
> 　活動の動線を意識しながら，子どもが集える場所や，ロッカーの場所，物が置いてある場所などを把握しておきましょう。また，子どもの声掛けに応える場合は，保育の流れを止めないような配慮が必要です。

（2）参加実習とは

1）意義と目的

　参加実習では，子どもの中に入り保育者の役割の一部を体験しながら遊びや生活を通して乳幼児と関わる中で，①一人ひとりの子どもの発達の実情や内面を理解し，②実際の保育の場における援助や指導のあり方など，具体的な職務内容や役割などを体験的に学びます。また，さまざまな関わりを通して保育技術を修得するとともに乳幼児への理解を深め，保育者の専門性や保育観・教育観の構築につなげていくことが期待されます。

2）参加実習の内容

　見学実習や観察実習よりも積極的に保育に参加し，実習に取り組む姿勢が求められます。実習生が手遊びや絵本の読み聞かせなどを行うこともあります。実際の保育の場で，保育者の補助を行いながら子どもと関わることで，保育者の仕事の内容を把握します。また，クラス全体（集

団）と一人ひとりの子ども（個）の育ちをどのように支えているか，保育者の言葉掛けに対する子どもの反応や保育者の援助のあり方など実際の保育の難しさや楽しさを理解します。自分がこのクラスの担任だったらどのように関わるかをイメージしながら理解を深めていきましょう。

3）参加の方法

① 保育者の補助的役割を担う

実習生がどの程度参加してよいか，必要な補助はどのようなものがあるかを事前に確認する必要はありますが，園や保育者の指示に従いながら，主体的に実習に参加することが大切です。初めは戸惑うことも多いと思いますが，わからないことは保育者に質問したり，確認するなどして積極的に関わっていきましょう。

配属クラスのデイリープログラムやその日の活動の流れなどを把握しておくことも大切です。実習生は保育の流れを止めないよう，保育者が全体に働きかけているときは，子どもが保育者に注目できるような配慮が必要です。活動中は，一人ひとりの子どもの姿に関心を持ち，必要に応じて子どもの取り組みの支えになるような言葉を掛けたり，保育者の援助の仕方や声掛けを参考にしながら補助を行います。次の活動に移る準備や環境構成，片付けなど保育者の動きを見ながら保育者の意図を理解し，積極的に手伝いながら具体的な職務内容や役割を学びましょう。

また，子どもたちの前で手遊びや絵本の読み聞かせなどをする機会をいただいた場合は，失敗を恐れずに積極的に挑戦してみましょう。その際は事前に保育者と相談したり，導入の仕方や終わり方など練習や準備を十分にして臨むことはいうまでもありません。演じたり読むことばかりに気持ちが行ってしまわないよう，子どもたちの様子もしっかり見ながら進めましょう▶。

② 子どもと積極的に関わりながら子どもを理解する

クラスに入ってみると，実習生に対して興味を持ち話し掛けてくる子どもや，関わりたいけど遠くから見ている子どもなどさまざまな子どもの姿があります。実習生に戸惑っている子どもには，実習生に関心を持つようになるまで待つなど，様子をよく見ながら実習生が自然にクラスの中で関わっていけるようにしましょう。また，たくさんの子どもが一度に実習生と関わろうとしたり，甘えてきたりします。すべてに応じようとして子どもたちに振り回されてしまったり，状況がわからず何でも断ったりしてしまうと子どもの気持ちに寄り添いながら一人ひとりの子どもを理解することが難しくなってしまいます。実習生はこれまでのそ

▶ アドバイス

日常から，絵本や手遊びに関心を持ち，年齢や発達に合わせた選択ができるようにしておくことも大切です。

アドバイス

子どもの内面を理解するには，子どもと親しくなることは大切ですが，子どもを一人の人間として尊重することも忘れないようにしましょう。

れぞれの子どもの育ちを知らないということを忘れずに，子どもの気持ちを受け止める努力をしていきましょう。

　また，子どもの遊びの楽しさやおもしろさ，何をイメージしているかなど，子どもの遊びの世界を理解するためには，子どもの遊びに参加して同じような感覚を味わってみることも大切です。子どもと同じ目線に立って子どもになったつもりで同じ感覚を味わってみないと，子どもの思いもよらないような発想などわからないこともたくさんあるのです。しかし，遊びの中心はあくまでも子どもであることを忘れずに一緒に活動を楽しむこと，安全面や園でのルールなどにも配慮した援助ができるよう心掛けましょう。

　自己紹介は，子どもたちと仲よくなる第一歩です。子どもと関わる中で積極的に言葉を掛けながら自己紹介していくことも大切です。朝の会や帰りの会などで行うときは，保育者と相談したり，話す内容だけではなく子どもとのやり取りも想像しながら流れを考えておきましょう。その際に，自己紹介のための教材などを用意するのもよいでしょう。

わたしの
なまえは―

引用文献

1）秋田喜代美：レッジョ・エミリアに学ぶ保育の質，白梅学園大学子ども学研究所，子ども学編集委員会，子ども学，1，萌文書林，2013，pp.8-28.

2）佐伯胖：「子どもがケアする世界」をケアする，ミネルヴァ書房，2017，p.45.

3）佐伯胖：「学ぶ」ということの意味，岩波書店，1995，p.209.

4）佐伯胖：幼児教育へのいざない増補改訂版，東京大学出版会，2014，p.154.

参考文献

・大宮勇雄：学びの物語の保育実践，ひとなる書房，2010.

・レッジョ・チルドレン 著：子どもたちの100の言葉，ワタリウム美術館（編集）田辺敬子（翻訳）木下龍太郎（翻訳）辻昌宏（翻訳）志茂こづえ（翻訳），日東書院，2012.

・佐藤純子：普段使いのテ・ファリキ，現代と保育，69，2007，pp.38-53.

・佐藤学 監修：驚くべき学びの世界 イタリアレッジョ・エミリアの幼児教育，ワタリウム美術館（編集），access，2011.

実習

07 責任実習（総合実習）

1. 責任実習を行うために

（1）責任実習の考え方

　実習を行う園には，大別して，幼稚園，保育所，幼保連携型認定こども園の3種別がありますが，それぞれ，『幼稚園教育要領』，『保育所保育指針』，『幼保連携型認定こども園教育・保育要領』（以下，要領・指針）に沿って，教育・保育を実施しています。これらの3つの要領・指針に書かれている内容は，それぞれの種別の特質を考慮しながら整合性が図られており，日本の教育・保育の現場において，目指すべき教育・保育の目的や方向性に関して大きな違いが生じないように国が定めています。

　また，一方で，それぞれの園には，保育理念や建学の精神があり，それをもとにして基本的な教育・保育の方針が定められています。つまり，要領・指針が定めている目標や方向性に従いながら，各園の保育理念や建学の精神をもとに保育方針が定められ，それを達成するための方法論はそれぞれの園に任されているということになるのです。

　それでは，以上のことを山登りにたとえて考えてみましょう。A園・B園・C園が，これから山登りをするとします。目指す山には，①〜③の3種類の登山ルートがあり，A園は①，B園は③，C園は②と，それぞれ違うルートを選びました。このとき，A園・B園・C園の目的は頂上に向かうことに違いはないのですが，その目標を達成するためのルート選択はそれぞれ異なっています。また，山登りをする上での持ち物や歩き方などは，そのルートの状況に応じた方法を選択することになるでしょう。

　園における教育・保育の実施についても同様で，要領・指針に書かれている目標（＝頂上）を目指すことはどの園においても同じなのですが，それを達成するため全体的な方針（＝ルート選択）やそれに応じた保育内容などの方法論（＝持ち物，歩き方など）はそれぞれの園に任されて

いるのです。ですから，実習生は，オリエンテーションなどの場面でその園の保育理念や方針，大切に考えていることなどを必ず確認し，そのことに基づいた実習計画を立てていく必要があります。

責任実習の指導案は，事前に実習担当の先生の指導を受けることになりますが，何日前にどのような方法で提出するかについては，必ず確認しておくようにしましょう。

なお，本章の構成ですが，責任実習の捉え方や内容の具体に関しては，部分実習のところで詳細に述べることとし，それを全日および半日実習に応用させるかたちで説明していきます。

（2）保育形態

前述のとおり，教育・保育を実施していく上での方法論は，それぞれの園に任されています。しかし，そのことによって大きく特色が分かれるのが保育形態◀です。

保育形態には，いくつかの種類がありますが，比較的多く取り組まれているのは，「一斉（設定）保育」，「自由保育」，「コーナー保育」，「異年齢児保育」などです。

一斉保育とは，主に幼児クラスにおいて，明確な指導目標を定め，その目標を達成するための活動を具体的に設定し，クラス全体で取り組む活動です。活動内容は，製作，絵画，運動遊び，体操などさまざまで，同年代の子ども同士が協調し合ったり，刺激し合ったりしながら学びを得ていくというものです。

自由保育は，基本的に保育者が子どもの様子を見守りながら，子どもが自ら遊びを見つけて自由に遊ぶことを保障する保育形態です。具体的な活動内容について保育者が設定するものではありませんが，子どもの主体性を育むことを目指した保育形態ですから，保育者は子どもの行動や言葉，関係性に着目し，適切なタイミングで適切な関わりを行わなけ

チェック！

保育形態は，園によって大きく異なりますので，オリエンテーションの際に確認しておく必要があります。

ればなりません。

　自由保育にある程度の活動の枠組みを持たせたものがコーナー保育であり，あらかじめ保育室に子どもの主体的な遊びを促すためのコーナーを設定するというものです。コーナーの種類は，「製作コーナー」，「生活コーナー」，「絵画コーナー」，「キッチンコーナー」，「運動遊びコーナー」などがあり，保育者が子どもの様子を把握しながら自由な発想で設定することができるというものです。

　異年齢児保育は，異年齢のクラスの子どもが交わりながら保育を展開する形態で，自由な活動を中心に取り組む園が多いと考えられます。

（3）デイリープログラム

　保育時間は，幼稚園の場合は4時間，保育所ではおおむね8時間（開所時間は11時間）となっています。したがって，それぞれのデイリープログラムも大きく異なってきますから，それに呼応して，責任実習の実施方法も異なってくることがあります。

　幼稚園においての責任実習の捉え方は，子どもが登園してから降園するまでの一日を通して行うという「全日実習」が一般的です。しかし，保育所の場合は保育時間や開所時間が長いことから，責任実習に関して全日実習という方法をとらず，ある一定時間以上の主活動に取り組むことや半日実習を指す場合が広く取り組まれている方法です。もちろん，保育所であっても全日実習を責任実習として位置付ける園もありますので，オリエンテーションの際に確認しておく必要があります。なお，保育所におけるデイリープログラムの大まかなイメージに関しては後述します（p.88）。

　部分実習の捉え方についても園によって異なる場合があり，幼稚園では，ある一定時間以上の主活動を部分実習として位置付けている場合がほとんどですが，保育所では，15分程度の短時間に行う活動を指す場合もあります。

　また，保育所や幼保連携型認定こども園では，おやつや食事，午睡（お昼寝）などの生活支援の業務がありますので，責任実習や部分実習を実施する際にも，その要素が実習計画に反映されることになります。

2. 部 分 実 習

（1）部分実習の概要と目的

　部分実習とは，一日の流れの中からある一部分の活動に着目し，その活動について責任を持って担当するものです。その位置付けとしては，有意義な責任実習につなげていくための準備段階として設定されている場合が多く，幼稚園実習など，同じ園で2回に分けて実習を実施するときは，次回実施される責任実習を視野に入れながら系統立てて取り組まれることがほとんどです。

　部分実習の目的として，以下の点が挙げられます。

> ○園の一日の流れを把握する。
> ○子どもの発達過程や個性を理解し，それに応じた関わりや援助を行う。
> ○自己の取り組みの省察および自己評価を行い，責任実習に生かすための準備を行う。

チェック！
実習の履修選択については，「実習01」および「実習03」を参照してください。

　ただし，2回目の保育実習において施設を選択する場合は，事実上保育所での実習が1回のみとなりますので，責任実習に近い形での部分実習を実施する必要があります。また，実習を2回に分けて実施する場合において，1回目と2回目の園が異なる際は，それぞれの園の事情や方針に従って実施することになります。

（2）部分実習の内容

　幼稚園の場合は前述のとおり保育時間が4時間と定められていますが，保育所ではおおむね8時間となっています。したがって，デイリープログラムに違いが生じることはもちろん，一日の活動内容そのものに関しても大きく異なってくる場合があります。例えば，保育所や幼保連携型認定こども園では，おやつや食事，午睡（お昼寝）などの生活支援を行う場面についても視野に入れる必要があります。

　さらに，部分実習の活動内容は，対象とする子どもの年齢によって，大きな相違が出てきます。特に保育所では，0歳児からの入所が行われていますから，乳児の発達過程や特徴が理解できていなければ，子ども

に無理をさせてしまうばかりか，思わぬけがや事故につながることが想定されます。同様に1，2歳児では，その発達過程として，一人遊び，平行遊びが中心ですが，社会性を問う遊びや一斉的な動きを強く促す活動の実施は，発達過程を考慮した実習とはいえなくなります。また，この頃の遊びの特徴として，見立て遊びやつもり遊びが盛んな頃で，保育者の模倣を楽しむことが日常保育の場面で多く見受けられます。したがって，乳児クラスでの活動を考える場合，手先だけを使った細かい活動よりも全身を使った大きな動きを楽しむ活動の方がより望ましいといえます。表7－1は，部分実習を考える上で役立つ，発達過程ごとの遊びの特徴と保育のポイントです▶。

また，部分実習の内容については，大別して，「導入・場面切換え型」，「生活援助型」，「主活動型」の3種類があります。これらをどのように取り組むかについては，それぞれの園の実習指導方針や実習園が幼稚園・保育所・幼保連携型認定こども園のどの種別であるかによっても異なります。

1）導入・場面切換え型

活動と活動の間や活動の導入などに行い，おおむね15分程度の活動を指します。具体的には，主活動や給食，午睡（お昼寝）の時間の前に，手遊びや絵本の読み聞かせ，紙芝居，簡単なエプロンシアターなどを行います。

この活動の特徴としては，時間が比較的短時間であり，しかも大掛かりな準備を伴わないことなどが挙げられます。主に，保育所での部分実習はこのタイプを指す場合が多く，ほとんどの場合，実習期間中に複数回取り組むことになります。したがって，保育所でこのタイプの部分実習を行う場合は，少なくとも5パターン程度以上の指導案は必要であり，生活の中のどの場面においても臨機応変に対応できるように準備しておくことが望ましいといえます▶。

2）生活援助型

食事や午睡（お昼寝）など，活動や生活の場面でどのように援助を行うかについて実習を行うものです。例えば，2歳児クラスにおける衣服の着脱の場面を想定してみましょう。以下は，ある実習生が，2歳児の着替えの際の援助を行っていたときの省察です。

チェック！

『幼稚園教育要領』『保育所保育指針』『幼保連携型認定こども園教育・保育要領』は必ず熟読し，実習期間中は常に側に置いておくようにしましょう。

アドバイス

実際の保育場面では，指導案の有無に関わらず，手遊びなどを要求されることがあります。簡単な手遊びやゲームなどは，いつでも取り組めるように準備しておきましょう。

表7－1　年齢ごとの遊びの特徴と保育のポイント

≪1歳3か月～2歳未満≫
【遊びの特徴】
・模倣遊びなど，保育者と同じ動作や言葉を楽しむ。
・見立て遊びやつもり遊びなどが中心。
・さまざまな動きそのものが遊びであり，経験となる。
【保育のポイント】
・食事や衣類の着脱など，自分で何でもしようとする時期なので，子どもの様子を見ながら，援助し過ぎないようにする。
・うまくできたときなどは，十分にほめ，喜びを共感する。
・うまくできないときなどの気持ちを十分に受け止め，できるだけその気持ちを代弁することを心掛ける。
・一人遊びを十分に保障する。

≪おおむね，2歳≫
【遊びの特徴】
・自分の体を思うように動かすことができるようになり，体を十分に動かす遊びを楽しむ。
・指先を使った遊びに関して，幅広く取り組めるようになる。
・簡単なごっこ遊びを楽しむ。
【保育のポイント】
・自我の発達が促進される時期にあたり，「僕が，私が」，「自分でやりたい」，「甘えたい」などの感情を強く表出するが，この時期の順調な発達として受け止める。
・行動範囲が広がり動きも大きくなるため，安全への配慮に気を配る。

≪おおむね，3歳≫
【遊びの特徴】
・平行遊びからごっこ遊びへと変化し，遊びが持続するようになる。
・おもちゃなど，物品の貸し借りの仕方について，「決まり」や「マナー」などを学ぶようになる。
【保育のポイント】
・自我が確立されてくるが，自分の気持ちを上手に表現できないことがあるので，強い自己主張などの場面では十分にその気持ちを受け止めるようにする。
・友だちとの触れ合いの中で，徐々に順番や決まりを守るようになり，友だちとの関係性が深まってくる。

≪おおむね，4歳≫
【遊びの特徴】
・周りの物や生き物により一層の興味を持つようになり，知的好奇心をもとに，意欲的に見たり触れたりするようになる。
・絵本やかるた，トランプなど文字や数字に関心を持ちながら遊ぶ。
・創造力を働かせることにより，遊びを発展させようとする。
【保育のポイント】
・友だち関係の中で葛藤体験が増えるため，互いの気持ちに気付くことができるように共感したり，代弁したり，励ましたりすることを十分に行う。
・自然や季節を感じるような働きかけを十分に行い，そのことが自分の生活に関係していることに気付かせていくように援助する。

≪おおむね，5～6歳≫
【遊びの特徴】
・人との関わり方が上手になり，みんなで楽しめる遊びを自分たちで考えるようになる。
・新しいことに対して，積極的に挑戦しようとする。
・手先はますます器用になり，周囲にある用具や素材を用途に合わせて加工するなど，さまざまな道具を使って遊ぶ。
・友だち同士でルールのある遊びを楽しむ。
【保育のポイント】
・けんかなど，互いに主張し合う場面であっても自分たちで解決できるようになるので，すぐには介入せずに見守る。
・言葉による意思の伝達や相手の話を聞く力を身に付けられるように関わる。
・集団遊びの中で，子どもたちが役割分担をしながら遊びを展開できるように，集団に対しての働き掛けを十分に行う。
・子どもたちが自らの力で遊びを発展できるような保育材料の提供や環境設定を意図する。

　お昼寝の前の着替えの時，着替えの援助を行った。私はAちゃんの着替えの大部分を援助していたのだが，その様子を見ていた先生に，「Aちゃんは自分である程度できるから，声を掛けてやさしく促すだけでも大丈夫ですよ」とご指導をいただいた。その後，「Aちゃん，お洋服を着てみようか？　できるかな？」と声を掛けたところ，Aちゃんは時間がかかりながらも一人で一生懸命取り組んでいた。

　私は，2歳児は一人では着替えが十分にできないという先入観を強く持ちすぎてしまっていて，深く考えることなくほとんどすべてにわたって援助してしまったが，Aちゃんがどれくらい自分の力でできるのかということをもっと考慮すべきであったと反省した。

　また，援助とは，すべてにわたって手を掛けるということではなく，子どもの発達を考慮した取り組みをすることであり，それが子どもの発達をさらに促すことにつながるということを改めて考えさせられた。

　このように，食事や排せつ，衣服の着脱など基本的生活習慣に対する援助は，対象とする年齢の発達過程や個人差を考慮することが重要です。

3）主活動型

　主活動型は，午前中の保育時間に実施されている一定時間の保育活動（1時間程度）について実施するものです。活動内容は幅が広く，屋外の活動では，しっぽ取りやドッジボールなど，ルールのある運動遊びなどが多く取り組まれている印象があります。また，室内の活動では，製作や絵画，音楽活動，リズム遊びなどが一般的です。

　しかし，前述したとおり，実習園が主にどのような理念や方針で保育を行っているか，どのような保育形態を採用しているかによって内容が異なる場合もありますから，オリエンテーションの際にそれらのことを十分に確認しておくようにします。

（3）部分実習の配慮事項

1）発達過程を考慮した活動内容や取り組み行うこと

　主活動などの実践にあたり，対象とする子どもの発達過程に照らし合わせた活動内容にするようにします。例えば，その考え方としては，以下のようなものがあげられます。

☆1，2歳児－絵本の読み聞かせや紙芝居，簡単なリズム遊び
☆3歳児－パネルシアター，ペープサート
☆4歳児－自由な感覚を活かした製作（絵画，工作），リズム遊び
☆5歳児－さまざまな技法を取り入れた絵画，適切な道具を活用した工作，ルールを守らなければ成立しないゲーム

　また，一つ一つの活動内容に関しては活動内容を複雑化させたり，難易度を高めたりすることによって発達過程に合わせる方法も考えていきます。例えば，4歳児と5歳児のリズム遊びを考える場合，テンポや動きの複雑さなどを変化させ，取り組みの難易度を調整するなどです。

　なお，製作活動ではさみなどの刃物を使用する場合は，園によって危機管理の方法や取り組ませる年齢に違いがありますので，指導案を立てる前に必ず確認しておくようにします。

2）子どもの反応をよく見ること

　初めての部分実習では，段取りよく進行することに集中するあまり，うっかり子どもたちの反応を確認しないことがあります。保育者は，子どもたちがどのような表情であるのか，また集中できているのかなどについて確認しながら保育を進めるものです。もちろん，円滑な進行も大切ですが，子どもたちの反応がわからなければ，的確な省察ができなくなってしまいます。特に初めての実習では緊張するかもしれませんが，できるだけ余裕を持ちながら，子どもたちの顔を見渡すなどの配慮が望まれます。

3）園の指導方針や保育内容を反映させたものとすること

　前述のとおり，各園にはそれぞれの教育方針や保育理念があります。オリエンテーションの際に実習園が大切に考えていることを把握し，それを反映させた内容にするように心掛けます。

4）計画通りに進まない状況も想定しておくこと

　子どもの主体性を保障した取り組みであればあるほど，指導側の意図通りに進まないものです。また，特別な支援や配慮が必要な子どもの対応に苦慮する場合も想定されますから，指導案を作成する際には，そのことを具体的にイメージすることが重要です。たとえ指導側の意図通りに進まないことがあったとしても失望する必要はなく，むしろ，実際に取り組んでみて気付いたことや改善点を含めた今後の展望について考察し，そのことを実習担当の先生に伝え，具体的な指導を受けることのほうが重要です◀。

アドバイス

　実習前に学校で準備した指導案と実際の実習での保育内容とを照らし合わせ，必要に応じて修正することが重要です。

表7−2　部分実習指導案（1，2歳児）

令和○年○月○日（○曜日）1，2歳児 たんぽぽ組（男8人，女7人計15人）実習生氏名：

(1) 子どもの姿	(2) ねらい
・自分でやりたい気持ちが強くなり，公園まで自分で歩いてお散歩できる子が増えてきている。 ・身近なものに関心を持ち，触れようとする姿がみられる。 ・午前中は体をたくさん動かすため，食事もよく食べ，午睡でぐっすりと眠る姿がみられる。	・みんなで一緒に歌ったり，歌に合わせて指を動かす楽しさを味わう。 ・絵本の世界を楽しみ，寝ることへの意識を向ける。 **(3) 内 容** ・手遊び「むすんでひらいて」 ・絵本『こぐまちゃんおやすみ』

(4) 準 備
手遊びや絵本を読む練習をする。
・手遊び「むすんでひらいて」
《絵本》『こぐまちゃんおやすみ』　わかやまけん 作／こぐま社

《当日》
・マット　・コット（ベッド／布団）
・絵本

時間	予想される子どもの活動	実習生の活動	配慮点・環境構成
		○マット，コット(布団)の準備をする。	
12：15	○実習生の呼びかけに集まってくる。 ※トイレや歯磨き，手洗いなどをしている子がいる。 ・マットの上に座る。	・準備ができた子はマットの上に集まるように声を掛ける。	・全員が集まっているか確認する。
12：20	○手遊び ・実習生の手遊びに合わせて一緒に手遊びをする。 ※友だちと一緒に遊びながら楽しむ。	○手遊び 「むすんでひらいて」をする。 ・最初は「♪〜その手を上 に」と手を上に上げるが，2回目，3回目は耳，鼻，お腹にし，最後は「♪〜ひざに」とし，そのまま絵本が見られるようにする。	・子どもたちの顔を見ながら楽しい雰囲気の場をつくっていく。 ・絵本は手遊び後すぐに取れるところに置いておく。
	○絵本「こぐまちゃんおやすみ」 ・マットに座り静かに絵本を見る。 ・絵本のページがめくられるたびにわくわくする姿がみられる。 ※ほとんどの子が落ち着いて聞いている。中には落ち着かない子もいる。	○絵本を読む ・場面毎に子どもたちが理解できるように，ゆっくりと読み進める。 ・次にどのようなことが起こるのか楽しみにできるように読んでいく。	・子どもたちの表情や姿を見ながら進めていく。 ・子どもたちが絵本からどのようなことを感じているのかを実習生自身も感じながら読む。
12：30	○「おやすみなさい」の挨拶をして自分の布団に移動し寝る。	○読み終えたら「みんなも寝ようね」と声を掛ける。「おやすみなさい」の挨拶をする。	・コットにつまづいたりしないように気を付ける。 ・静かに午睡できるように見守る。

表7−3　部分実習指導案（4歳児）

令和○年○月○日（○曜日）4歳児 そら組（男9人，女12人計21人）実習生氏名：

（1）子どもの姿	（2）ねらい
・新しいクラスの雰囲気にも慣れ，気の合った友だちとの関わりが増えてきている。 ・身近なものに関心を持ち，それを使って遊ぼうとする姿が見られる。	・ゲームの中で友だちとのやり取りを楽しむ。 ・タイミングをはかったり，バランスをとったりすることを楽しむ。

	（3）内容
	・手遊び「ずっとあいこ」 ・ゲーム「ひっぱり相撲」

（4）準備
手遊びの練習をする。
・手遊び「ずっとあいこ」
・ハンカチ数枚

時間	予想される子どもの活動	実習生の活動	配慮点・環境構成
13：20	○実習生の呼び掛けに集まってくる。 ※トイレや歯磨き，手洗いなどをしている子がいる。	○実習生の近くに集まるように声を掛ける。	 子ども 保育者
13：25	○手遊び ・実習生の手遊びに合わせて一緒に手遊びをする。	○手遊び 「ずっとあいこ」をする。	・全員が集まっているか確認する。
13：30	○ゲーム「ひっぱり相撲」の説明を聞く。 ・ハンカチで相撲ができるのかという疑問を持ったり，どんなふうに相撲ができるのかと考えたりする。 ※ほとんどの子がゲームの説明を聞いている。落ち着かない子や話を聞いてない子がいる。	○ゲーム 「ひっぱり相撲」の説明をする。 ・ハンカチを出し子どもたちに見せながら「このハンカチを使ってお相撲をしようと思ってるんだけど」「どんなお相撲ができるかな？」と相撲のゲームをすることを伝える。 《ゲームの説明》 1）2人組になる。 2）ハンカチの端と端を互いに片手で持つ。 3）ハンカチをピンと張って持ち，足をそろえて立つ。 4）「はっけよーい」「のこった」の合図で引いたり，押したりして相手のバランスを崩す。	・子どもたちの顔を見ながら楽しい雰囲気の場をつくっていく。 ・子どもたちの不思議そうにしている表情や考えている姿を捉える。 ・「こんな風にしたらできるかもしれない」など子どもたちから出てくる意見を取り上げたり，考えたことが言える雰囲気をつくっていく。 ・一人ひとりの子どもが説明を理解できているか，様子を見ながら説明していく。 ・わかりにくそうなところはもう一度説明する。

時間	予想される子どもの活動	実習生の活動	配慮点・環境構成
	※ゲームの内容が理解できると実習生の話に集中し始める。	5）動いた方の負け。 6）勝敗のついたグループは座って待つ。	
13：35	○ゲームを始める ・2人組になる。 ・ハンカチを持っている子は出す。 ・ハンカチがないグループに自分のハンカチを貸そうとする。 ・準備ができ，始めようと引っ張り合ってしまう子がいる。 ・実習生の合図でひっぱり相撲を行う。 ・勝負がついたら座って待つ。 ・周囲の子を応援する。	○ゲームの説明をしながら進める ・2人組になるように伝える。 ・2人の内どちらかがハンカチを出す。 ・互いにハンカチの端をもってピンと張って持つように伝える。 ・まだ引っ張ったりしないことを伝える。 ・「はっけよーい」「のこった」の合図を言う。 ・勝負のついたグループは座って待つように伝える。	※2人組になれなかった子どもがいないか確認する。 ※1人の子どもがいるときは実習生も中に入り一緒に行う。 ※ハンカチがないグループには準備していたハンカチを渡す。 ※周囲に危険な物がないか再度確認をしてから行う。 ・子どもたちの様子を見ながら，何回か繰り返し行う。
13：45	・実習生の声掛けに「僕強いよ」「一回も負けてない」「悔しいな」「今度は負けないよ」「もう一回やろう」など，思い思いの感想を言う。 ・実習生の声掛けに「おもしろかった」「負けちゃった」「またやりたいな」など，思い思いの感想を言う。	・「勝った人」，「強かったねー」/「負けちゃった人」，「次は頑張るね」など，子どもたちに声を掛ける。「今日はたくさんお相撲できたね」「ハンカチでもお相撲できたね」など声掛けをする。	・子どもたちが感じたことを自由に言える雰囲気をつくっていく
13：50		・子どもたちの話を聞き「お相撲楽しかったね，またやろうね」と言い，活動を終える。	・子どもたちから出てきた思いを受け止め，共感していく。 ・子どもたちから出てきた思いをクラスの子どもたちと共有していく。

3. 全 日 実 習

（1）全日実習の概要と目的

　全日実習とは，子どもが登園してきたときから降園するまでの一日の保育活動のほぼすべてにわたり，実習生が責任を持って取り組むものを指します。言い換えれば，実習担当の先生の指導の下，模擬的なクラス担任になり，実際のクラス運営を担っていくということになります。したがって，実習生は，担当するクラスにおける一日の構成，保育の目的，具体的な内容について綿密な指導案を作成し，それをもとに実習を実施することになります。

　全日実習は幼稚園の責任実習では大多数の園で取り組まれており，保育所でも行われます。その目的としては，保育の計画，実践，観察，記録，自己評価という一連の流れに関して体験し，実際の保育現場における実践的理解を深めることにあります。

（2）全日実習の内容

　全日実習は，実習期間中のある特定の一日を対象に取り組んでいくものですが，クラス運営は，年間計画の流れの中でその園の方針やクラス全体の年間計画，月案，週案などを把握しながら立案していくことが重要です。というのも，クラス運営はその日一日をどのように過ごすかという短期的な視点のみで捉えられるものではなく，1年間の見通しを持って取り組まれているからです。したがって，もし可能であれば，園の全体的な計画や年間計画などに関する考え方について，あらかじめ説明を受けておくと取り組みやすくなります。

　また，全日実習では，特に保育所では，乳児と幼児とではデイリープログラムが大きく異なります。表7－4はその大まかなイメージですので，保育所での一日の流れについて，あらかじめ把握しておくようにしてください。

　なお，主活動における内容など詳細は，前述の部分実習の項目で述べていますので，そちらを参照してください。

表7－4　ある保育所での一日の流れ

時間	0歳児	1，2歳児	3，4，5歳児
8：30	順次登園	順次登園 手洗いなど	順次登園 排せつ
9：00	遊び 授乳（個別）	持ち物整理 自由遊び	持ち物整理 自由遊び
9：30	睡眠（個別） 午前おやつ（個別） おむつ交換（個別）	午前おやつ おむつ交換（個別） 排せつ（個別）	
10：00	遊び，園庭遊び	遊び，園外保育	クラス活動（クラス別，異年齢など） 園外保育
11：00	授乳，離乳食	食事準備	
11：30	着替え，午睡	食事 おむつ交換（個別）	
12：00		排せつ（個別） 食事	食事準備 食事
13：00		午睡	午睡（個別）
14：30	目覚め おむつ交換	目覚め おむつ交換 排せつ（個別）	目覚め 排せつ（個別）
15：00	おやつ 授乳（個別）	おやつ	おやつ
15：30	遊び	遊び（自由活動）	クラス活動，帰りの会 遊び（自由活動）
16：00	順次降園	順次降園	順次降園

※0歳児の生活は基本的に個別対応が主となるため，一人ひとりの生活リズムに合わせます。

（3）全日実習の配慮事項

1）一日の活動を見通した内容とすること

　園での活動は，一日の流れの中で組み立てられています。特に，静的な活動と動的な活動は，その前後のプログラムにかなりの影響を与えますので一定の配慮が必要です。例えば，午睡（お昼寝）の前に勝負を争うゲーム性の高い活動を行うと子どもたちが興奮してしまい，円滑な入眠を妨げてしまいます。活動を考える際は，まずその前後のプログラムとの連続性に配慮することが望まれます。

2）観察のポイントを明確化すること

　全日実習では，単に時間が長いだけではなく一日を通しての活動の種類も多種多様です。したがって，責任実習における観察のポイントをあらかじめイメージしておくと取り組みやすくなります。特に，保育所では，子どもの生活そのものを援助することも重要な視点ですから，保育者がどのように子どもと関わっているかについて詳細に観察するようにします。表7－5は，その例示です。

表7－5　観察のポイント

- 登園時の子どもの受け入れ方
- 安全への配慮
- 乳児組でのおむつ交換，ミルクの飲ませ方，離乳食の援助の仕方やその際の声掛けの仕方
- 子どもたちの遊ぶ様子と発達過程に応じた保育者の関わり方
- 自己主張が強い子どもへの関わり方
- 発達過程に関連した子ども同士のトラブルへの対応や泣いている子どもへの関わり方
- 後片付けの方法とその際の具体的な声掛けや援助の方法
- 子どもの偏食についての考え方や対応
- 子どもの興味や関心を高める声掛けや工夫の具体的方法
- 子どもの気付きや発見に対する保育者の声掛けや対応
- 集団活動を円滑に進めるための声掛けや子どもへの関わり方
- 集団行動に上手く参加できない子どもへの声掛けや対応
- 集中することを必要とする活動の前の具体的取り組み
- グループ活動や当番活動の具体的展開方法
- 発達過程を考慮した上での個人差の考え方とその配慮
- 降園時の過ごし方
- お迎えに来た保護者への具体的対応

3）導入について大切に考える

　主活動を行う前や次の活動に移る際には，導入が必要となります。特に全日実習の場合は，実施しなければならない活動の数と種類が多く，導入をしっかり行わなければ，一日を通しての活動が不連続になってしまいます。特に主活動に移る場合の導入は重要で，仮に子どもたちの注意が散漫な状況であっても，次の活動に向けて集中できるような取り組みが必要です。その際，手遊びや模倣を楽しむ遊びなど，部分実習で取り組んだ活動を実践することになります。導入7割，本番3割といわれることがあるぐらい，次の活動に移る際の導入は重要とされています。

表7-6　全日実習指導案（3歳児）

令和○年○月○日（○曜日）3歳児 こあら組（男9人，女9人計18人）実習生氏名：

(1) 子どもの姿	(2) ねらい
・園の生活にも慣れ，自分の興味のあるものに向かい遊ぶ姿がみられる。	・自分なりに工夫して小物入れを作る。 ・自分で作った小物入れに好きなもの集めて楽しむ。
・園庭の石やダンゴムシ，葉っぱや花びらなど好きなものを集めて楽しむ姿がみられる。	(3) 内容 ・宝箱作り

(4) 準備
・500mℓの牛乳パックを下から75cmにカットしたもの（20個：予備含む）・セロテープ台：8台
・油性マジック・丸シール12シート・リボン80cm×20本
《絵本》『だんごむしのおうち』（幼児絵本ふしぎなたねシリーズ）澤口たまみ　文／たしろちさと　絵

時間	予想される子どもの活動	実習生の活動	配慮点・環境構成
8:30	○順次登園 ・朝の身支度をする。 ○自由遊び 《室内》・ブロック　・ままごと　・積み木　・お絵かき　・パズルなど。 《外》・固定遊具　・フラフープ　・砂場・ボール　・鬼ごっこなど。	○子どもや保護者と挨拶をする。 ・健康状態など確認。 ・子どもたちと遊ぶ。 ・身支度を見守る。 ・やり残していることのある子どもには「何か忘れていないかな？」など，声を掛ける。	・泣いている子どもが安心できるように抱っこなどスキンシップを取る。 ・子どもたちが自分で行動している姿を見守る。 ・苦手意識のある子には一緒に活動を行う。
9:30	○片付け ・自分が使っていたものを片付ける。 ※遊びの区切りがつけられない子がいる。	○片付け・トイレの声掛けをする。	・自由遊びで異年齢保育になるため，けがなどがないように，保育者の配置に配慮していく。 ※遊びの区切りがつかない子どもに対しては具体的な時間を設定したり，この後の予定を知らせるなど，見通しが持てるような関わりに配慮する。
9:50	○朝の集まり。 ・朝の歌を歌う。 ・朝の挨拶をする。 ・当番によろしくお願いしますの挨拶をする。	○朝の集まりをする。 ・自分の席に座るよう伝える。 ・朝の歌，挨拶をする。 ・今日の当番が行うことを確認する。	・歌や挨拶をしながら子どもたちの健康状態，または心身の状態を見る。
10:00	○スモックを着て自分の席に座る。 ○実習生の話を聞く。 ・実習生の問いかけに「ダンゴムシたくさん捕まえた」「アリもいるよ」「きれいな石も見つけたよ」など思い思いに話す。	○スモックを着て席に着くように伝える。 ○今日の活動の話をする。 ・「今日ね，ダンゴムシをたくさん集めてる人がいたんだけど，みんなも捕まえたことある？」「みんなは他にどんなものを集めているの？」と子どもたちに聞いてみる。	・子どもの様子を見ながら手伝う。 子ども／保育者／材料／材料 ・子どもたちが感じたことを自由に言える雰囲気をつくっていく。

時間	予想される子どもの活動	実習生の活動	配慮点・環境構成
10：05	○宝箱作りをする。 ・実習生の話を聞きながら，作り方を見る。 ・「つくりたい」「たから？」「たから！たから！」など思い思いに言う。 ・難しそうなところはよく見たりしている。	○宝箱の説明をする。 「今日は，今，みんなが集めたものを入れる探検宝物入れを作りたいと思います」と言う。 ○宝箱の説明をする。 1）牛乳パックに油性マジックで絵を描きます。 2）好きな色のシールを貼ります。 3）できた人は先生のところに持って来てください。先生がリボンを付けます。	・子どもたちの「作ってみたい」という気持ちを大切にする。 ・製作が苦手そうな子でも安心して取り組めるよう言葉掛けに気を付けていく。 ・子どもたちが見てわかりやすいようにゆっくり説明していく。 ・わかりにくそうなところは指で示すなど，子どもたちの反応を見ながら説明する。
10：15 10：20	・実習生から牛乳パックを受け取る。 ※牛乳パックや油性マジックを触ったりする。 ○実習生の声掛けに宝箱を作り始める。 ※教え合ったりする姿がみられる。 ※でき上がる子がいる。 ※中をのぞいてみる子がいる。	○「では，みんなで作ってみましょう」と言う。 ・一人ひとりに牛乳パックを配る。 ・各テーブルに油性マジック，シールを配る。 ○全員が材料を受け取ったら「作ってみよう」と言う。	・みんなに材料を配り終わるまで待つように伝える。 ・各テーブルに油性マジック・シールを配る。 ・戸惑っている子どもがいないか見守っていく。
10：40 10：45	※でき上がった子はシールなど使ったものを片付ける。 ・「できたよ」と言う。 ・自分の使ったものを片付ける。	○「そろそろみんなでき上がりそうかな？」 ・「どんな宝物を入れようか」「何が見つかるかな」「いいものが見つかるといいね」など声掛けをする。 ○使ったものを片付けるよう伝える。 ○「みんなできたかな」と言う。 ・できた人は自分の使ったものを片付けるように伝える。	・声を掛けそろそろ仕上げの時間になることを伝える。 ・難しそうにしている子どもには状況に応じて手伝う。 ・油性マジックはキャップを閉め忘れないように伝える。 ・全員ができ上がったことを確認する。

時間	予想される子どもの活動	実習生の活動	配慮点・環境構成
10：50	・実習生の呼び掛けに自分の席に座る。 ○実習生の話を聞く。 ・実習生の声掛けに「いいね，いいね」「どこに行こうか」など思い思いに言う。 ・「外に行きたい」と言う。 ・実習生の呼び掛けにみんなで外に出る。 ・「こっちにダンゴムシいるんだ」。「アリの巣があるよ」「きれいな石があったよ」など，思い思いに感じたことを友だちや実習生に伝える。 ○探検終了 ※「見つけたもの」「発見したこと」など思い思いに感想を言う。	○「みんな自分の席に座ってください」と言う。 ○「でき上がったらみんなで宝物を探しに行こう」と言う。 ・「どこに行こうか」と子どもたちの意見を聞く。 ・「それでは，みんなで外に探検に行こう」と言う。 ・実習生も一緒に探検をする。 ・「ダンゴムシさんどこにいるのかな？」「アリさんはいるかな？」と声を掛けていく。 ○「こあら組さんは集まってください」と声を掛ける。 「宝物のあったかな？」 「何が見つかったかな？」など投げかける。 ・よく手洗い，うがいをし，室内に戻るように伝える。 ・トイレを促す。	・全員集まっていることを確認する。 ・子どもたちの様子を見ながら，話しを進めていく。 ・子どもたちが感じたことを自由に言える雰囲気をつくっていく。 ・思い思いの場所を探検し，さまざまなものを発見できるようにする。 ・子どもたちが感じていることやつぶやきを大切にする。 ・子どもたちが感じたことを自由に話せるような雰囲気をつくっていく。 ・子どもたちから出てきた思いを大切に受け止め，共感していく。 ・手洗い，うがいをする様子を見守る。
11：15			
11：20			
11：35	○手洗い，うがいをしクラスに戻る。 ○トイレを済ませる。 ○弁当の準備を行う。 ・自分の席に座り，当番の合図を待つ。	・当番にテーブルを拭くように布巾を渡す。	・当番が自分の役割を果たせるようにしていく。 ・一人ひとり食べられる量の違いに気付いていく。
11：40	○当番と一緒に「いただきます」をして昼食を食べる。 ※食べ終わった子からごちそうさまをし，歯磨きをする。	○当番に「いただきます」をするように伝える。 ※一人ひとりごちそうさまをし，歯を磨いているかなど確認していく。	
			・子どもたちの準備が整っていることを確認する。 ・静かな雰囲気をつくっていく。
12：20	○自由活動 　ブロック，ままごと，絵本，お絵かき，パズルなど	・みんながごちそうさまをしたら自由遊びができる環境をつくる。	・子どもたちと一緒に遊ぶ。
12：40	○片付け・掃除	・自分で遊んだものを片付けるように伝える。	・遊びの区切りがつけられない子には，時間で区切ったり，次の活動を具体的に伝えていく。

時間	予想される子どもの活動	実習生の活動	配慮点・環境構成
12：50	・帰りの身支度。	・今日作ったもの，着替えたものなどを手提げ袋に入れ，帰りの身支度をする。	カバンを持って二列に並ぶ ○○○○○○○○○○○ 子ども ○○○○○○○○○○○ 保育者
12：55	○帰りの会 ・準備が整った子から椅子に座る。 ・実習生と一緒に手遊びをする。	・椅子に座るように伝える。	・全員がそろうまで手遊びなどをして待つ。 ・話を聞きながら，場面をイメージできるように，読んでいく。
13：10	・絵本を見る。	・「だんごむしのおうち」を読む。	
	・「宝箱を作ったこと」「いろいろ なものを集めたこと」「新しい発見をしたこと」などそれぞれに伝え合う。	・今日の出来事を話す。 ・子どもたちから今日あったことを聞く。	・子どもの気持ちを受け止め，共感したり，他児と共有したりする。
	・実習生の話を聞き明日の予定などイメージする。 ・帰りの歌を歌う	・明日の予定を伝える。 ・ピアノを弾く。	・明日に期待が持てるように話をする。
13：20	・「さようなら」の挨拶をする。	「さようなら」の挨拶をする。	・一人ひとりの顔を見ながら気持ちを込めて挨拶をする。

表7－7　全日実習指導案（5歳児）

令和○年○月○日（○曜日）5歳児 つき組（男13人, 女13人計26人）実習生氏名：

(1) 子どもの姿	(2) ねらい
・友だちとの会話が盛んになり, 探検ごっこや冒険ごっこなど, イメージを共有しながら遊びを展開していく姿がみられる。	・身近な素材を使い自分なりの工夫をして製作活動をする。 ・友だちと共通のイメージを持ち, 遊びの広がりを楽しむ。

(1) 子どもの姿（続き）	(3) 内容
・読み聞かせでは「エルマーのぼうけん」など, 長いストーリーの絵本を好み, 読み進めていく中でイメージをふくらませながら楽しむ姿がみられる	・双眼鏡作り

(4) 準 備
・トイレットペーパーの芯（60個：予備含む）・セロテープ台:10台・マスキングテープ15個
・丸シール25シート・カラーセロファン 赤, 青, 黄それぞれ20枚・リボン80cm 30本
・折り紙80枚（好きな色が使えるようにいろいろな色）
《絵本》『エルマーのぼうけん』ルース・スタイルス・ガネット　作/渡辺茂男　訳, 福音館書店

時間	予想される子どもの活動	実習生の活動	配慮点・環境構成
8：30	○順次登園 ・朝の身支度をする。 ○自由遊び 《室内》・ブロック　・ままごと　・積み木　・お絵かき ・パズルなど 《外》・固定遊具　・フラフープ　・砂場　・ボール　・鬼ごっこなど	○子どもや保護者と挨拶をする。 ・健康状態など確認。 ・子どもたちと遊ぶ。 ・身支度を見守る。 ・やり残していることのある子どもには「何か忘れていないかな？」など, 声を掛ける。	・泣いている子どもが安心できるようスキンシップを取る。 ・子どもたちが自分で行動している姿を見守る。 ・苦手意識のある子どもには一緒に活動を行う。 ・自由遊びで異年齢保育になるため, けがなどがないように, 保育者の配置に配慮していく。
9：30	○片付け ・自分が使っていたものを片付ける。 ※遊びの区切りがつけられない子がいる。	○片付け・トイレの声掛けをする。	※遊びの区切りがつかない子どもに対しては具体的な時間を設定したり, この後の予定を知らせるなど, 見通しが持てるような関わりに配慮する。
9：50	○朝の集まり。 ・朝の歌を歌う。 ・朝の挨拶をする。 ・当番によろしくお願いしますの挨拶をする。	○朝の集まりをする。 ・自分の席に座るよう伝える。 ・朝の歌, 挨拶をする。 ・今日の当番が行うことを確認する。	・歌や挨拶をしながら子どもたちの健康状態, または心身の状態を見る。
10：00	○実習生の話を聞く。 ・実習生の問いかけに「いろいろなところ」「宝を見つけていた」「望遠鏡」「虫眼鏡」など思い思いに話す。	○今日の活動の話をする。 ・「昨日, みんなの中に探検している人がいたんだけど, みんなはどんなところを探検しているの？」「探検にはどんなものが必要なの？」と子どもたちに聞いてみる。	 ・子どもたちが感じたことを自由に言える雰囲気をつくっていく。

時間	予想される子どもの活動	実習生の活動	配慮点・環境構成
10：05	○双眼鏡作り ・実習生の話を聞きながら，作り方を見る。 ・「やったー，双眼鏡作ってみたい」 ・「何色のセロファンにしようかな」「ちょっと難しそうだな」「桃色の双眼鏡が作りたいな」など思い思いに言う。 ・難しそうなところはよく見たりしている。	○双眼鏡作りの説明をする。 「今日は，今，みんなが言ってくれた中にあった，探検に必要なもの，双眼鏡を作りたいと思います」と言う。 ○双眼鏡の作り方の説明をする。 1）トイレットペーパーの芯にカラーセロファンを貼ります。 2）好きな色の折り紙をトイレットペーパーの芯に巻き付けてセロテープで止めます。はみ出した折り紙は内側に折り曲げます（これを2つ作ります）。 3）2本のトイレットペーパーの芯をセロテープで止めます。 4）トイレットペーパーの芯にリボンを付けます。 5）マスキングテープやシールで好きな飾りを付けます。	・子どもたちの「作ってみたい」という気持ちを大切にする。 ・製作が苦手そうな子でも安心して取り組めるよう言葉掛けに気を付けていく。 ・子どもたちが見てわかりやすいようにゆっくり説明していく。 ・わかりにくそうなところは指で示すなど，子どもたちの反応を見ながら説明する。
10：15	・自分のテーブルが呼ばれたら，各自材料を取りに行く。 ※何色にしようか迷う子がいる。	○「では，みんなで作ってみましょう」と言い，テーブルごとに材料を取りに行くよう伝える。 《取りにいくもの》 ・トイレットペーパーの芯2つ ・カラーセロファン2枚　折り紙2枚 ・リボン1本	・全員が一度に材料を取りに行くと危険なので，1テーブルごとに取りに行くように伝える。 ・子どもたちが材料を取りに行っている間に，各テーブルにセロテープ・マスキングテープ・シールを配る。
10：20	○実習生の声掛けに双眼鏡を作り始める。 ※教え合ったりする姿がみられる。	○全員が材料を取りに行ったら，「材料がそろったら，作ってみよう」と言う。	・戸惑っている子どもがいないか見守っていく。 ・声を掛けそろそろ仕上げの時間になることを伝える。 ・難しそうにしている子どもには状況に応じて手伝う。
10：40	※でき上がる子がいる。 ※双眼鏡をのぞいてみる子がいる。 ※でき上がった子はシールなど使ったものを片付ける。	○「そろそろみんなでき上がりそうかな？」 ・「でき上がったら双眼鏡をのぞいてみてね」「何が見えるかな」「何色に見えるかな」など声掛けをする。 ○使ったものを片付けるよう伝える。	
10：45	・「できたよ」と言う。 ・自分の使ったものを片付ける。	○「みんなできたかな」と言う。 ・できた人は自分の使ったものを片付けるように伝える。	・全員ができ上がったことを確認する。

時間	予想される子どもの活動	実習生の活動	配慮点・環境構成
10:50	・実習生の呼び掛けに集まって座る。 ○実習生の話を聞く。 ・実習生の声掛けに「いいね，いいね」「どこに行こうか」など思い思いに言う。 ・「外に行きたい」と言う。 ・実習生の呼び掛けにみんなで外に出る。 ※「わーきれい」「空が夕焼けになっちゃった」など，思い思いに感じたことを友だちや実習生に伝える。	○「みんな集まって座ってください」と言う。 ○「でき上がったらみんなで探検に行こう」と言う。 ・「どこに行こうか」と子どもたちの意見を聞く。 ・「それでは，みんなで外に探検に行こう」と言う。 ・実習生も一緒に探検をする。	・全員集まっていることを確認する。 ・子どもたちの様子を見ながら，話を進めていく。 ・子どもたちが感じたことを自由に言える雰囲気をつくっていく。 ・思い思いの場所を探検し，さまざまなものを発見できるようにする。 ・子どもたちが感じていることやつぶやきを大切にする。
11:15	○探検終了 ※「見つけたもの」「発見したこと」など思い思いに感想を言う。	○「つき組さんは集まってください」と声を掛ける。「探検，楽しかったね」「何が見えた？」などと投げ掛ける。	・子どもたちが感じたことを自由に話せるような雰囲気をつくっていく。 ・子どもたちから出てきた思いを大切に受け止め，共感していく。
11:20	○手洗い，うがいをしクラスに戻る。 ○トイレを済ませる。		
11:35	○昼食の準備を行う。 ・自分の席に座り，当番の合図を待つ。 ・自分で食器などを取り，トレーに乗せる。 ・保育者にご飯，おかずをよそってもらう。	○よく手洗い，うがいをし，クラスに戻るように伝える。 ○トイレを促す。 ○実習生はエプロンを給食用に替える。 ○当番に昼食の準備の呼び掛けを行うように伝える。 ○当番は給食を順番に取りに来るように合図をする。 ○子どもたちへ配膳を行う。	・手洗いうがいをする様子を見守る。 ・当番が責任をもって活動できるようにしていく。
11:40	○当番と一緒に「いただきます」をして昼食を食べる。 ※食べ終わった子からごちそうさまをし，歯磨きをする。 ※絵本やお絵かきなど静かに過ごす。	○当番に「いただきます」をするように伝える。 ※一人ひとりごちそうさまをし，歯を磨いているかなど確認していく。	・一人ひとり食べられる量の違いに気付いていく。 ・子どもたちの配膳が整っていることを確認する。 ・静かな雰囲気をつくっていく。
12:20	○自由活動 　ブロック，ままごと，絵本，お絵かき，パズルなど	・みんながごちそうさまをしたら自由遊びができる環境をつくる。	・子どもたちと一緒に遊ぶ。 ・遊びの区切りがつけられない子には，時間で区切ったり，次の活動を具体的に伝えていく。
12:40	○片付け・掃除	・自分で遊んだものを片付けるように伝える。	

時間	予想される子どもの活動	実習生の活動	配慮点・環境構成
12：50	・帰りの身支度	・今日作ったもの，着替えたものなどを手提げ袋に入れ，帰りの身支度をする。	・全員がそろうまで手遊びなどをして待つ。
12：55	○帰りの会 ・準備が整った子から椅子に座る。 ・実習生と一緒に手遊びをする。	・椅子に座るように伝える。	生活グループごとの列で並ぶ 〇〇〇〇〇〇 〇〇〇〇〇〇 〇〇〇〇〇〇 子ども 〇〇〇〇〇〇 👤 保育者
13：00	・絵本を見る。	・「エルマーのぼうけん」を読む。	・話を聞きながら，場面をイメージできるように，読んでいく。
13：10	・「双眼鏡を作ったこと」「いろいろな発見をしたこと」「色が違って見えたこと」などそれぞれに伝え合う。 ・実習生の話を聞き明日の予定などイメージする。 ・帰りの歌を歌う。	・今日の出来事を話す。 ・子どもたちから今日あったことを聞く。 ・明日の予定を伝える。 ・ピアノを弾く。	・子どもの気持ちを受け止め，共感したり，他児と共有したりする。 ・明日に期待が持てるように話をする。
13：20	・「さようならの」挨拶をする。	「さようなら」の挨拶をする。	・一人ひとりの顔を見ながら気持ちを込めて挨拶をする。

4.　半　日　実　習

（1）半日実習の概要と目的

　半日実習は，一般的に，保育時間が長い保育所での実習の場合や乳児クラスでの責任実習を実施する場合に取り組まれる実習形態です。また，幼稚園においては全日実習の準備段階である部分実習の一環として取り組まれることもあります。

　取り組み方法としては，主活動を含んだ午前中の活動を中心に行う場合が多く，保育所の場合では，登園から午睡までについて実施する場合が多い印象です。

　半日実習は主に全日実習の代わりや準備段階として取り組まれることが多いため，その目的は基本的に全日実習のものとほぼ同様です。つまり，半日実習では，教育・保育である主活動および基本的生活習慣の育成を図る生活援助の両方について実践するということになります。言い換えれば，全日実習における主要な要素について，重点的に体験することになります。

（2）半日実習の内容，配慮事項

　半日実習の内容および配慮事項についても，基本的に部分実習や全日実習のところで説明したものと同様です。前述のとおり，半日実習で取り組む内容は，教育・保育と生活援助の両方の要素が半日に凝縮されているともいえますから，実習生は，半日実習での体験を通して，園での一日を具体的にイメージできるように取り組むことが重要です。

表7−8　半日実習指導案（5歳児）

令和○年○月○日（○曜日）5歳児 にじ組（男13人，女12人計25人）実習生氏名：

（1）子どもの姿	（2）ねらい
・身近なものに興味・関心を持ち友だちと一緒に考えたり，工夫したりしながら遊びを展開していくおもしろさを味わっている。 ・目的を持って行動する中で，力を合わせて活動する姿がみられる。 ・意見のすれ違いから，けんかになってしまうこともあるが，自分たちで解決しようとする姿もみられる。	・友だちと積極的に関わりながら一緒に活動する楽しさを味わう。 ・ルールのある遊びを楽しむ。 （3）内容 主活動「鬼ごっこ」

（4）準備
「鬼ごっこ」のルールを説明できるようにしておく。

時間	予想される子どもの活動	実習生の活動	配慮点・環境構成
7：00	○順次登園 合同保育 ・早朝のため異年齢合同で過ごす。 ・室内でブロックやままごとをして過ごす。	○子どもや保護者と挨拶をする。 ・健康状態など確認。 ・子どもたちと遊ぶ。 ・泣いている子どもが安心できるように抱っこなどスキンシップを取る。	〈幼児のコーナー〉　〈乳児のコーナー〉 ・異年齢保育になるため，けがなどがないように，保育者のいる場所に配慮していく。
8：30	○合同保育終了 自分のクラスに行く。 ・朝の身支度をする。 ・外遊びがしたい子は園庭に行くなど自由に遊ぶ。	○子どもと一緒にクラスへ移動する。 ・身支度を見守る。 ・やり残していることのある子どもには「何か忘れていないかな？」など，声を掛ける。	・子どもたちが自分で行動している姿を見守る。 ・苦手意識のある子どもには一緒に活動を行う。
9：30	○片付け ・自分が使っていたものを片付ける。 ※遊びの区切りがつけられない子がいる。	○片付け・トイレの声掛けをする。	※遊びの区切りがつかない子どもに対しては具体的な時間を設定したり，この後の予定を知らせるなど，見通しが持てるような関わりに配慮する。
9：50	○朝の集まり。 ・朝の歌を歌う。 ・朝の挨拶をする。 ・当番によろしくお願いしますの挨拶をする。	○朝の集まりをする。 ・自分の席に座るよう伝える。 ・朝の歌，挨拶をする。 ・今日の当番が行うことを確認する。	・歌や挨拶をしながら子どもたちの健康状態，または心身の状態を見る。

時間	予想される子どもの活動	実習生の活動	配慮点・環境構成
10：00	・実習生の呼び掛けで外に出る。 ・イチョウの木の下に集まる。 ※靴の履き替えなど一人ひとりペースが違う。	・今日は外で遊ぶことを伝え，外に出るように促す。 ・イチョウの木の下に集まるように伝える。	
10：10	○鬼ごっこ ・実習生の説明を聞く。 ・実習生の投げ掛けに自分で考えたことを言う子がいる。 ・話を聞かず落ち着かない子がいる。 ・みんなでルールを決める。 ※ルールを確認し合ったりする姿がみられる。 ・鬼が10数え，鬼ごっこが始まる。 ・「タッチされた」「次は鬼をやりたい」など思い思いに言う。	○鬼ごっこの説明をする。 ・鬼を決める。 ・逃げる範囲を決める。 ・タッチされた人はどこに集まって待っているか決める。 ・実習生も一緒に鬼ごっこをする。 ・ある程度の人数がタッチされたら一度おしまいにする。 ・子どもの様子を見ながら何回か繰り返し行う。	・全員そろっているか確認する。 ・子どもたちが自分の考えを出せるような雰囲気をつくっていく。 ・子どもたちから出てきた意見は子どもたちに返し，共通のルールになるようにしていく。 ・転んでけがをした子どもの手当てをする。 ・ルールを守っているか様子を見ながら声を掛けていく。 ・途中休憩を入れ水分補給をし，脱水症状などにならないように気を付ける。 ・子どもたちの様子を見ながら，何回か繰り返し行う。
11：15	○鬼ごっこ終了 ※「一回も捕まらなかった」「いっぱいタッチした」など思い思いに感想を言う。	○イチョウの木の下に集まる。 「鬼ごっこ楽しかったね」「鬼は速かったね」「逃げる人も上手に逃げていたね」など伝え合う。	・子どもたちが感じたことを自由に言える雰囲気をつくっていく。 ・子どもたちから出てきた思いを受け止め，共感していく。
11：20	○手洗い，うがいをし，室内に戻る。 ○トイレを済ませる。 ○昼食の準備を行う。 ・自分の席に座り，当番の合図を待つ。 ・自分で食器などを取り，トレーに乗せる。	○よく手洗い，うがいをしクラスに戻るように伝える。 ○トイレを促す。 ○実習生はエプロンを給食用に替える。 ○当番に昼食の準備の呼び掛けを行うように伝える。 ・当番は給食を順番に取りに来るように合図をする。	・手洗い，うがいをする様子を見守る。 ・当番が責任を持って活動できるようにしていく。 ・一人ひとり食べられる量の違いに気付いていく。
11：35	・保育者にご飯，おかずをよそってもらう。	○子どもたちへ配膳を行う。	
11：45	○当番と一緒に「いただきます」をして昼食を食べる。	○当番に「いただきます」をするように伝える。	・子どもたちの配膳が整っていることを確認する。

記録（実習日誌）の書き方・まとめ方を学ぶ

1. 記録を書く意味

（1）自己省察し，明日に活かす

　実習中に記録を書く意味の一つは，保育者としての自己の成長のためということが挙げられます。実習は，たった一日の保育の営みを取り上げただけでも，子どもの姿やその姿に応じた保育者の関わりを目の当たりにして，感動や驚き，気付き，発見など，心揺さぶられる体験の連続でしょう。そういった一日を過ごした後，実習日誌の中で，改めて一日を振り返り，自分が観察を通して心に残ったことや実践の中で体験したことの意味を，保育者養成校で学んだ理論と結び付けて考察していくことで，気付きや学びを整理していくことができます▶。

　このように記録を書くことで，自己省察を深める機会となり，「明日はこのように子どもと関わりたい」，「このような視点から保育の営みを観察し，学びを深めたい」といった具体的な自己の課題や目標が明確となり，明日に活かしていくことができるのです。また，記憶だけでは，時が経つと曖昧になりがちですが，記録することで，いつでも学びを振り返ることが可能となります。

　2020（令和2）年3月に，厚生労働省から示された『保育所における自己評価ガイドライン（2020年改訂版）』（以下，『自己評価ガイドライン』と記す）では，図8-1に示すように，保育士等が行う保育内容等の自己評価の出発点に，「記録」が位置付けられています。

　つまり，「子どもの理解」を深め，「計画と実践の振り返り」や「改善・充実に向けた検討」を行い，その結果を「次の指導計画等に反映」させていくためには，保育の営みや子どもの姿を可視化・見える化した「記録」が重要な手掛かりになるということです。

　このように，記録は，保育者として保育に従事していく上で重視されるため，実習生のうちから，観察する力や文章で表現する力を養っていくことも大切であることが見えてきます。

解説

　『保育所保育指針解説』（厚生労働省編：フレーベル館, 2018, p.52）には，「記録という行為を通して，保育中には気付かなかったことや意識していなかったことに改めて気付くこともある」と記されています。

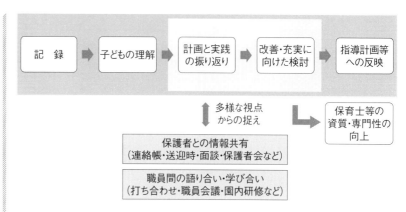

図8－1　保育士等が行う保育内容等の自己評価の流れ

(出典)厚生労働省：保育所における自己評価ガイドライン(2020年改訂版)，2020，p.9.

（2）子ども理解を深める

　記録を書くもう一つの意味は，子ども理解を深めるためといえるでしょう。生活や遊びの中で，子どもたちは「今，何に興味を持っているのか,何を実現しようとしているのか,何を感じているのかなどを捉え」[1]，その姿に対し，保育者はどのようなことに配慮して環境を構成したり，援助したりしているのかを具体的に理解していくことが大切です。子どもたちの興味・関心は実に多様であることを,実習で実感することでしょう。その姿を丁寧に記録し，「子どもの表情や言動の背景にある思いや体験したことの意味，成長の姿などを的確かつ多面的に読み取り」[2]，保育を展開していく必要があるのです。

　ところで，2018（平成30）年施行の『幼稚園教育要領』第1章総則には，新たに「幼児理解に基づいた評価の実施」という内容が盛り込まれています◀。「評価」と聞くと，成績付けするようなイメージがあるかもしれませんが，それは評価ではなく「評定」です◀。ここで求められている「評価」とは，明日の保育につなげていくための行為であり，「幼児がどのような姿を見せていたか，どのように変容しているか，そのような姿が生み出されてきた状況はどのようなものであったかといった点から幼児の理解を進め，幼児一人ひとりのよさや可能性，特徴的な姿や伸びつつあるものなどを把握する」[3]ために行うものです。

　つまり，子ども一人ひとりを取り巻く状況や関係性の中でのその子ならではのこれからの育ち（学び）を捉えるために，「○○ができた・できない」という結果に重きを置く視点では見えてこない,育ちの過程（学びのストーリー）を丁寧に捉えていくことが重視されているといえます。

また、『幼稚園教育要領解説』では、子ども理解を深め、「評価の妥当性や信頼性が高められる」情報源として、「日々の記録やエピソード、写真など」を挙げています。こういったものを用いて、「判断の根拠となっている考え方を突合せながら幼児のよさを捉え」、「より多面的に幼児を捉える工夫をする」ことの大切さが述べられています[1]。

本章で紹介する記録の方法は、〈時系列の記録〉〈エピソード記録〉〈ヴィジブルな記録〉の3つです。これらは、いずれも前述の明日の保育につながる情報（育ちの過程、一人ひとりのよさや可能性、特徴的な姿や伸びつつあるもの）をつかむことに優れた記録方法です。また、情報を他者と共有しやすい記録様式であるため、これらの記録を用いた対話を通して、多面的に子どもを捉えていくことができる可能性を秘めています。それぞれの記録様式の特徴を把握し、実習の中で有効活用できるよう、子ども理解に迫っていく具体的な手立てについて本章で学んでいきましょう。

2. 保育の「可視化・見える化」を実現するための記録の方法

（1）時系列の記録

1）時系列の記録の特徴

時系列の記録は、一日の保育を体系的に理解していく際に役立ちます。この記録を通して、時間軸に沿って、子どもの姿と保育者の関わりの呼応関係、環境構成、実習生としての気付きなどを時系列で可視化・見える化し、振り返ることが可能です。例えば、責任実習を行う前段階として、子どもたちが慣れ親しんでいる園の生活リズムを把握する際にも有効な手掛かりになります。記録する際のポイントを学んでいきましょう。

2）記録する際のポイント

① ふさわしい書き方や表現の仕方とその理由

まず、時系列の記録では、子どもの姿と保育者の援助・配慮の呼応関係を可視化・見える化するために、横並びにそろえて書くことが基本です。また、各欄（「子どもの姿」欄、「保育者の援助・配慮」欄、「実習生の動き・気付き」欄）は、それぞれ子ども・保育者・実習生に焦点を当てていくので、その欄のタイトルに示された人物をそれぞれ主語として書くのが慣例です。例えば、「保育者の援助・配慮」欄は、保育者が主語となるため、述語は「～言葉掛けする」「～見守る」「～援助する」「～提

案する」などの表現になります。また，子どもの主体性や，保育者との対等性を尊重し，「〜させる」「〜してもらう」といった上下の関係性を表すような述語は使用しません。その時の状況を可視化・見える化し，情報を共有できるよう，記録は第三者が読んでもわかる表現で記載することが求められます。記録にふさわしい表現や保育の専門用語◀を使うように心掛けましょう。

②"行動"に込められた"意図"を可視化・見える化する

「保育者の援助・配慮」欄は，保育者の子どもに対する"行動（働きかけ）"のみを記載するのではなく，その行動の背景にある"意図（理由）"をできる限り考察し，併せて記載することで，保育者の職務に対する理解を深めていくことができます。

例えば，おやつの時間，口元や両手がヨーグルトだらけになった子ども（1歳児）を目の前にした時，あなたならどのような"行動"をとるでしょう。「水道に連れていき，手を洗う援助をする」と回答する方がいるかもしれません。実際の場面で保育者は，この方法を一度は思いつきますが，サブの保育者と打ち合わせしながら，「ウェットティッシュとゴミ箱を設置する」という方法を選びました。このような時，「なぜ，保育者は，このような行動をとったのだろう」と疑問を持つことが，保育者としての専門性のある"意図"を持った"行動（関わり）"を学ぶ第一歩となります。その場でわからない場合には，記録を書く際に，『保育所保育指針』や『幼保連携型認定こども園教育・保育要領』などの内容と結び付けながら考察していくことも大切です。この事例の場合は，保育者には，「手・口が汚れた状況の今，身の回りの清潔を保つ意識を子ども自身が自然と身に付けられる機会にしたい」という"意図"があり，ウェットティッシュとゴミ箱を設置するという環境の再構成を行ったのです。

━✎━ 解 説 ━

　記録にふさわしい表現や保育の専門用語の例として，以下のようなものがあります。
・教室 ➡ 保育室
・お外 ➡ 戸外
・校庭 ➡ 園庭
・トイレ ➡ 排せつ
・昼寝 ➡ 午睡
・子どもが各々のタイミングで登園する ➡ 順次登園する
・体温を測る ➡ 検温する
・おうちの人 ➡ 保護者

　表8-1の記録には，子どもの姿に対する保育者の援助・配慮事項とし
て“行動”のみが記載されていますが，下線部①〜⑦の“行動”の背景
にも，保育者の養護的側面からの“意図や配慮”があります。この保育
者の“行動”とその“意図”を，併せて記載した例を，表8-1下部に示

表8-1　1歳児クラスにおけるおやつの場面の時系列の記録（環境構成および実習生の動き・気付きの欄は略）

保育のねらい	さまざまな食品や調理形態に慣れ，ゆったりとした心地よい雰囲気の中で，自ら進んで食べようとする。	
実習のねらい	1歳児の食事の場面を観察し，保育者の関わり方を学ぶ。	
時刻	子どもの姿・活動	保育者の援助・配慮
15：00	○おやつ（フルーツ入りヨーグルト） ・他児らとともに，席に着き，スプーンを持ち，ヨーグルトを食べる。 ・自らスプーンを持ち食べる子どもと，保育者の援助を待つ子どもがいる。 ・自分が口に入れたものに対し，「バナナかなぁ」と言う子どもがいる。 ・口元や両手がヨーグルトだらけになる子どもがいる。	・一人ひとりに目を配り，自ら進んで食べようとする姿を①笑顔で見守り，言葉掛けする。 ・②「バナナン，バナナン，バーナナン」と口ずさみながら，状況に応じてヨーグルトを口に運ぶ援助をする。 ・他児の援助をしながらも，③一人ひとりの発言に耳を傾け，応答する。 ・子どもの姿に応じて，④ウェットティッシュとゴミ箱を設置し，環境を整える。 ・⑤持ち場を離れる際には，サブの保育者と連携を図りながら行動する。
15：10	・少し遅れて午睡から目覚め，おやつを食べにやってくる子どもがいる。 ・一足遅れてヨーグルトを取りに行くが，手が出ず，たたずんでいる子どもがいる。	・「○○くん，おはよう。おいで」と，⑥温かく笑顔で迎え入れる。 ・子どもの側に寄り添い，⑦「どっちにする？」と言葉掛けする。

※下線箇所の“行動”に対する“意図”を含めた書き方の例は，下記のとおりである（波線が“意図”の箇所）。

① 子どもが安心して食を楽しむことができるよう笑顔で見守り，言葉掛けする。
② 食材への親しみが持てるよう，「バナナン，バナナン，バーナナン」と口ずさみながら，状況に応じてヨーグルトを口に運ぶ援助をする。
③ 子どもが自分の気持ちや考えを安心して表すことができるよう，一人ひとりの発言に耳を傾け，応答する。
④ 身の回りの清潔を保つ意識を子ども自身が自然と身に付けられるようウェットティッシュとゴミ箱を設置し，自分で手や口をきれいに拭き，ゴミを捨てることができる環境を整える。
⑤ 安全面へ配慮し，持ち場を離れる際には，サブの保育者と連携を図りながら行動する。
⑥ 子ども一人ひとりの生活リズムを尊重し，心身の疲れが癒されるよう温かく笑顔で迎え入れる。
⑦ 自ら進んで食への関心が持てるよう「どっちにする？」と言葉掛けし，自己選択できるようにする。

Column "意図" を考えると，言葉掛けが変わる

　たびたび，「低年齢児の食事の時の言葉掛けに悩む」という実習生の声を耳にします。言葉掛けという"行動"のみに着目すると，食事の際の言葉掛け＝「おいしいね」「スプーン，上手だね」「モグモグしようね」などマニュアル的な働き掛けへの意識に偏ってしまうかもしれません。一方，例えば「食材への関心が高まるような援助をしたい」という"意図"が明確になると，表8-1の事例のように歌を歌ってみたり，「ヨーグルトに隠れているフルーツは何かな？」と問い掛けをしてみたり，「この間，自分で上手に皮をむいて食べたバナナだね」と経験を振り返ったりするなど，多様な言葉掛けがあることに気が付きます。

　その状況ならではの子どもの姿や思いに対し，心が通い合った働き掛けができるよう，実習では，観察した保育者の"行動"に込められた"意図"を熟考することを習慣化していきましょう。

します。

　このように，"行動"に込められた"意図"を考察し記載することで，実習生と保育者間で保育の考えについて対話が可能となります。"意図"の可視化・見える化は，学びの対話を育むきっかけとなるのです。

　③　本日の目標の観点から，保育の営みを可視化・見える化する

　一日の始まりには，「一日の保育の流れにおいて，どのような観点から何を重点的に観察していくのか」という本日の目標を明確にしておくことが重要です。具体的な実習の目標の立て方や自己の課題の明確化については，本書の「実習02」を参照ください。

チェック！
　表8-2の「保育者の援助・配慮」欄を読み，"行動"の箇所には下線，"意図"の箇所には波線を引いてみましょう。
　また，表8-2の「実習生の動き・気付き」欄を読み，自分が考えたことを述べてみましょう。

　表8-2は，「遊びや生活の中で，個の育ちと集団の育ちを支援するための保育者の援助や配慮のあり方を学ぶ」という本日の目標を立てて実習に臨み，一日を振り返って記載した時系列の記録の一例です。

　このような目標を立てた場合，まずは俯瞰（ふかん）的にクラス内の様子（各コーナーの配置など）を捉え，次にその環境の中で一人ひとりがどのように人やモノと関わっているのかに着目し，振り返りの際に「子どもの姿・活動」欄へ記載し，可視化・見える化するとよいでしょう。また，子どもの姿に対する保育者の言動を観察し，メモすることが大切です。保育者の配慮や援助の意図をすぐには理解できなくても，後から改めて子どもの姿とそれに対する保育者の言動を振り返ることで，個の育ちと集団の育ちを尊重するための配慮や援助の工夫が見えてくるかもしれませ

ん。これらを丁寧に「保育者の援助・配慮」欄に記載することで，深い学びにつながっていきます。「実習生の動き・気付き」欄には，自分なりに考えた個の育ちと集団の育ちを支援するための働きかけや，保育者の姿からの気付きを可視化・見える化しておくとよいでしょう。

表8-2　時系列の記録の一例

20××年10月25日（金）		天候：雨のち曇り	実習生氏名	○○　○○	指導者氏名	△△　△△
担当クラス：　ほし組（4歳児）			出席：21人（男13人，女8人）　欠席：2人			
保育のねらい		自分のイメージを動きや言葉などで表現したり，演じて遊んだりするなどの楽しさを味わう。				
主な活動		「三びきのやぎのがらがらどん」の身体表現				
本日の実習目標		遊びや生活の中で，個の育ちと集団の育ちを支援するための保育者の援助や配慮のあり方を学ぶ。				

時刻	環境構成	子どもの姿・活動	保育者の援助・配慮	実習生の動き・気付き
7：45 8：15	○：子ども ▲：保育者 △：実習生	○順次登園 ・保育者に「おはようございます」と元気に挨拶をする。 ・出席ノートにシールを貼り，身支度を済ませて，荷物をロッカーにしまう。	・子どもと保護者に挨拶するとともに，状況に応じて保護者と情報交換しながら，子どもの健康状態などを確認する。	・出勤し，環境整備を行う。 ・一日を安心して過ごせるよう，子どもの名前を呼び，挨拶をして温かく迎え入れる。 ・自分で身支度を整えている子どもの姿をほめ，他児も身支度への関心が高まるよう，見守りながら個々の姿を認め，言葉掛けする。
8：30 9：50	＜保育室・自由遊び＞ ＜朝の集い／一斉活動＞	○自由遊び（室内遊び） ・保育室内の各コーナーで，それぞれおうちごっこ，海賊ごっこ，製作を思い思いに楽しむ。 ○片付け・排せつ・水分補給 ・「今日，何するの？」と保育者に尋ね，クラスみんなで取り組む一斉活動を楽しみにしている子どももいる。 ・各自，排せつ・水分補給を済ませる。	・各コーナーを巡回し，一緒に遊んだり，言葉掛けしたりしながら，子どもたちが遊び込めるよう援助する。 ・次の活動の環境構成を行いながら，これからみんなで楽しい活動を行うことを伝え，子ども自身が見通しをもって行動できるようにする。	★保育者は，広い視野を持ち，クラスの個々の子どもの興味・関心を捉え，遊びが深まる援助をしていることがわかった。 ・保育者に尋ねながら，環境構成の手伝いをするとともに，子どもたちに片付けの必要性を伝え，言葉掛けしながら状況に応じて援助する。 ・トイレに行き，子どもの状況を確認し，必要に応じて言葉掛けする。
10：05	＜朝の集い／一斉活動＞	○朝の集い ・今月の歌「やきいもグーチーパー」「まっかな秋」を歌う。 ・体操「パプリカ」を踊り，身体を動かすことを楽しむ。 ・呼名に対し返事をする。 ・一日の予定を聞く。	・全員がそろうのを待つ間，早く集まった子どもたちから歌を歌って楽しめるよう，今月の歌をピアノで伴奏する。 ・子どもの姿を捉え，子どもが認められる喜びを感じられるよう言葉掛けする。 ・出欠確認をし，欠席の子どもの名前は事前に板書しておき，状況を伝える。 ・見通しがもてるよう，一日の予定を話す。	・子どもたちと一緒に，「やきいもグーチーパー」を行う。 ・楽しい気持ちに共感できるよう，子どもの様子を見守りながら，一緒に踊る。 ★欠席の子どもの状況を伝達することは，友だちへの関心を高め，自分も他児も同じクラスの一員であるという自覚や仲間を思いやる気持ちを育む機会になっていると感じた。

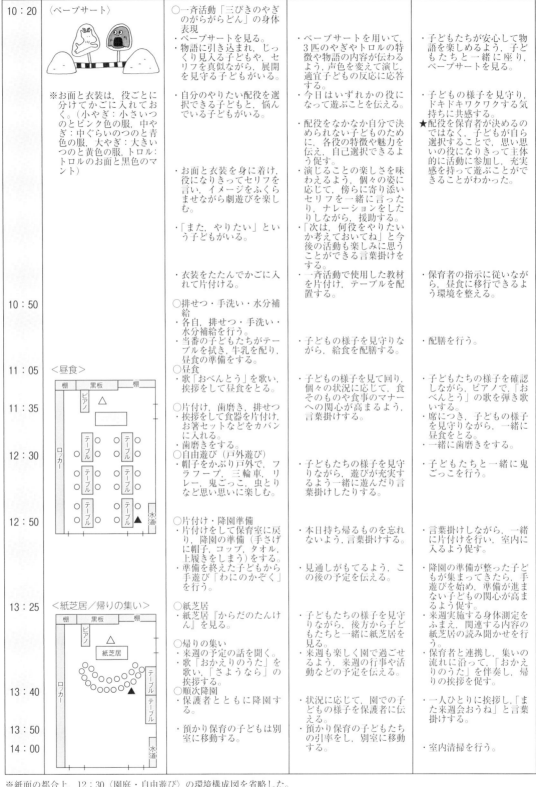

時刻	環境構成	子どもの活動	保育者の援助・配慮	実習生の動き・気づき
10：20	〈ペープサート〉 ※お面と衣装は，役ごとに分けてかごに入れておく。（小やぎ：小さいつのとピンク色の服，中やぎ：中ぐらいのつのと青色の服，大やぎ：大きいつのと黄色の服，トロル：トロルのお面と黒色のマント）	○一斉活動「三びきのやぎのがらがらどん」の身体表現 ・ペープサートを見る。 ・物語に引き込まれ，じっくり見入る子どもや，セリフを真似ながら，展開を見守る子どもがいる。 ・自分のやりたい配役を選択できる子どもと，悩んでいる子どもがいる。 ・お面と衣装を身に着け，役になりきってセリフを言い，イメージをふくらませながら劇遊びを楽しむ。 ・「また，やりたい」という子どもがいる。 ・衣装をたたんでかごに入れて片付ける。	・ペープサートを用いて，3匹のやぎやトロルの特徴や物語の内容が伝わるよう，声色を変えて演じ，適宜子どもの反応に応答する。 ・今日はいずれかの役になって遊ぶことを伝える。 ・配役をなかなか自分で決められない子どものために，各役の特徴や魅力を伝え，自己選択できるよう促す。 ・演じることの楽しさを味わえるよう，個々の姿に応じて，傍らに寄り添いセリフを一緒に言ったり，ナレーションをしたりしながら，援助する。 ・「次は，何役をやりたいか考えておいてね」と今後の活動も楽しみに思うことができる言葉掛けをする。 ・一斉活動で使用した教材を片付け，テーブルを配置する。	・子どもたちが安心して物語を楽しめるよう，子どもたちと一緒に座り，ペープサートを見る。 ・子どもの様子を見守り，ドキドキワクワクする気持ちに共感する。 ★配役を保育者が決めるのではなく，子どもが自ら選択することで，思い思いの役になりきって主体的に活動に参加し，充実感を持って遊ぶことができることがわかった。 ・保育者の指示に従いながら，一緒に移行できるよう環境を整える。
10：50		○排せつ・手洗い・水分補給 ・各自，排せつ・手洗い・水分補給を行う。 ・当番の子どもたちがテーブルを拭き，牛乳を配り，昼食の準備をする。	・子どもの様子を見守りながら，給食を配膳する。	・配膳を行う。
11：05	〈昼食〉	○昼食 ・歌「おべんとう」を歌い，挨拶をして昼食をとる。	・子どもの様子を見て回り，個々の状況に応じて，食そのものや食事のマナーへの関心が高まるよう，言葉掛けする。	・子どもたちの様子を確認しながら，ピアノで，「おべんとう」の歌を弾き歌いする。 ・席につき，子どもの様子を見守りながら，一緒に昼食をとる。
11：35		○片付け，歯磨き，排せつ ・挨拶をして食器を片付け，お箸セットなどをカバンに入れる。 ・歯磨きをする。		・一緒に歯磨きをする。
12：30		○自由遊び（戸外遊び） ・帽子をかぶり戸外で，フラフープ，三輪車，フリレー，鬼ごっこ，虫とりなど思い思いに楽しむ。	・子どもたちの様子を見守りながら，遊びが充実するよう一緒に遊んだり言葉掛けしたりする。	・子どもたちと一緒に鬼ごっこを行う。
12：50		○片付け・降園準備 ・片付けをして保育室に戻り，降園の準備（手さげに帽子，コップ，タオル，上履きをしまう）をする。 ・準備を終えた子どもから手遊び「わにのかぞく」を行う。	・本日持ち帰るものを忘れないよう，言葉掛けする。 ・見通しがもてるよう，この後の予定を伝える。	・言葉掛けしながら，一緒に片付けを行い，室内に入るよう促す。 ・降園の準備が整った子どもが集まってきたら，手遊びを始め，準備が進まない子どもの関心が高まるよう促す。
13：25	〈紙芝居／帰りの集い〉	○紙芝居 ・紙芝居『からだのたんけん』を見る。 ○帰りの集い ・来週の予定の話を聞く。 ・歌「おかえりのうた」を歌い，「さようなら」の挨拶する。	・子どもたちの様子を見守りながら，後方から子どもたちと一緒に紙芝居を見る。 ・来週も楽しく園で過ごせるよう，来週の行事や活動などの予定を伝える。	・来週実施する身体測定をふまえ，関連する内容の紙芝居の読み聞かせを行う。 ・保育者と連携し，集いの流れに沿って，「おかえりのうた」を伴奏し，帰りの挨拶を促す。
13：40		○順次降園 ・保護者とともに降園する。	・状況に応じて，園での子どもの様子を保護者に伝える。	・一人ひとりに挨拶し，「また来週会おうね」と言葉掛けする。
13：50		・預かり保育の子どもは別室に移動する。	・預かり保育の子どもたちの引率をし，別室に移動する。	・室内清掃を行う。
14：00				

※紙面の都合上，12：30〈園庭・自由遊び〉の環境構成図を省略した。

　その他，本日の目標を「4歳児クラスにおいて，子どもの主体性を尊重した遊びを支えるための環境構成について学ぶ」とした場合には，「環境」が観察の対象となります。記録の内容は，子どもを取り巻く環境に対する保育者の配慮の詳細や，環境に対し子どもがどのようにモノに働きかける姿がみられるかなどに重点を置き，子どもの発達や学びと「環境」との結び付きに関する気付きを記載することで，目標に対する学びを得ることができます。表8-2の〈三びきのやぎのがらがらどんの身体表現〉の活動では，興味を持った子どもがいつでも自由に遊べるよう，ペープサートを子どもの手の届くところに設置したり，衣装をわかりやすく表示のあるかごに入れておいたりするなどの配慮があります。

　他には，例えば〈絵の具の色混ぜ遊び〉の活動であれば，「なぜ，この3色の絵の具を使うことにしたのだろう」「なぜ，今このタイミングで，保育者は新たな色を子どもたちのテーブルに置いたのだろう」などと一つ一つの援助・配慮や環境構成に対し，「なぜ」「どうして」という疑問を持つことも大切です。このように，本日の目標を主軸に据え，沸き起こる疑問そのものも可視化・見える化しながら，保育の営みの複雑さと豊かさへの理解に迫っていきましょう。

④ 保育活動への参加・観察からの学びを可視化・見える化する

　実習記録の様式は，各養成校によって多様ですが，自己の考えや思いを記載できる「考察」欄には，本日，保育活動に参加・観察した中で，どのようなことが心に残り，どのような学びや気付きを得たのか，じっくり振り返り，可視化・見える化していくことが大切です。

　具体的に書くコツは，〈本日の着眼点〉〈感想〉〈エピソード〉〈考察〉〈反省・今後の課題・抱負〉を記載することです。

　表8-3は，【①本日の観察の視点（どのようなことに着目して一日を過ごしたのか）を挙げる。②自分がどのような出来事に心が動いたのか，感想をまとめる。③具体的なエピソードを1～2つ挙げ，その時のようすがわかるよう5W1H▶を明らかにし，子どもや保育者らの言動も詳しく記載する。④エピソードからの考察（気付きや学び，考えたこと）の内容を明らかにする。⑤先の①～④をふまえ，自己の反省点や今後の課題・抱負などを挙げる】という流れで書いた考察の一例です。このようにポイントをおさえて記載すると，後から読み返しても，自己の学びを振り返ることができます。その他には，⑥振り返る中で沸き起こった疑問や保育者に尋ねたいことなどを記載してもよいでしょう▶。

📖 解説

　5W1Hとは，Who（だれが），When（いつ），Where（どこで），What（なにを），Why（なぜ），How（どのように）を指し示す言葉です。

📖 チェック！

　表8-3の「考察」欄を読み，どの文章がそれぞれ本文中の①～⑤に該当するのか，考えてみましょう。

表8-3　時系列の記録における考察の一例

考　察
本日は、「遊びや生活の中で、個の育ちと集団の育ちを支援するための保育者の援助や配慮のあり方を学ぶ」ということを目標にして、実習に臨みました。 　一日を通して、保育者は、私が想像していた以上に、遊びや生活の中で個や集団の育ちを支援するために、きめ細かで多様な援助をしていることがわかり、とても感銘を受けました。 　例えば、自由遊びの際、保育者は製作コーナーの子どもたちと一緒に製作活動を行いながらも、「おや？　なんだかいいにおいがしてきた」「島は、もうすぐかな」などと別コーナーでおうちごっこや海賊ごっこをしている子どもたちに対し、言葉掛けをしていました。子どもたちはその言葉を受けて、うれしそうにお料理を作ったり、海賊船に乗って島にたどり着くイメージをふくらませたりしながら遊び込んでいました。 　このことから、保育者は、目の前の子どもの様子だけでなく、常に広い視野を持ち、クラスの子ども一人ひとりの興味・関心を捉え、気持ちに寄り添って言葉掛けしていくことが大切であることを学びました。 　また、一斉活動では、「三びきのやぎのがらがらどん」の話を共有しながら、子どもたちは、セリフの掛け合いを楽しんだり、イメージをふくらませて役になりきって思い思いに表現したりする姿がみられました。 　このようにクラスみんなで行うからこそ楽しい活動は、クラス集団（友だち）のよさを味わうことができ、また、配役を自分で選択できたり、役になりきって表現することを認めてもらえたりすることで、一人ひとりが充実感を味わえると思いました。今まで、「集団」とは、子どもたちを一まとまりとしてみることだと思っていました。しかし、集団の育ちを支えていくためには、集団を構成している子ども一人ひとりの思いを丁寧に捉えていくことが大切であることがわかりました。また、集団の育ちを支えることとは、一人ひとりが「友だちっていいな」と感じられる時間を大切にしていくことだと考えました。 　私は、子どもと遊びに没頭してしまうと、広い視野を持つことを忘れてしまうことがあります。明日の実習では、集団を構成している一人ひとりの姿を捉えることを心掛け、私自身も、一人ひとりの素敵なところをたくさん見つけて、言葉掛けしていきたいと思います。 　明日も、ご指導のほど、どうぞよろしくお願い致します。

解説

「感想」とは、「あることについて、感じたり思ったりしたこと。所感。感懐」（『大辞林第三版』三省堂，2006）
「考察」とは、「物事を明らかにするために、十分に考えること」（『大辞林第三版』三省堂，2006）

　たびたび、「感想と考察の違いがよくわからない」という実習生の声を耳にします。「感想」は、その人が事象から感じたありのままの率直な思いです。「考察」する際には、実習で得た具体的な体験と、自己のこれまでの経験・考えや既履修科目での学びとを結び付けることを意識しましょう。結び付けることで、新たな気付きを得られるかもしれません。

　また、多様な気付きや学びを得たり、可視化・見える化のレパートリー

を広げたりするために，時には，友だち同士で互いの文章を読み合いながら学び合うという方法も有効です。

（2）エピソード記録

1）エピソード記録の特徴

エピソード記録は，園生活の中の一場面（出来事）を取り上げることから始まります。一日，子どもたちと過ごす中で，自分自身の心がふと動くときがあるはずです。とあるシーンの子どものつぶやき，子どもとモノとの出会い，子ども同士のやりとり，子どもと保育者のやりとり，子どもと自分自身のやりとりなど，さまざまな場面が考えられます。その出来事に出会い，自分自身がおどろいたり感動したり，まだ意味付けできないけれど，心にぐっとくる何かを感じたりした場面を取り上げ，その出来事を振り返りながら考察を深めていくことで，子ども理解，保育者の援助の重要性，環境構成への配慮，自分自身の保育観への気付きなど，多様な学びを得ることができます。少し時が経ってから見返してみると，自己の経験の深まりから，また別の気付きを得られる可能性があるところも，エピソード記録の魅力といえます。

エピソード記録は，主に「タイトル」，「エピソード」，「考察」からなります。「考察」の手掛かりとなる「エピソード」箇所は，特に重要です。第三者が読んでもわかりやすいよう，その時の状況をわかりやすく記載するポイントを学んでいきましょう。

2）記入する際のポイント

① 自分の心が動いた一場面（出来事）を可視化・見える化する

エピソード記録は，さまざまな書き方がありますが，ここでは，「エピソード（起こった出来事そのもの）」と「考察（自己の解釈）」を分けて書くという方法を紹介します。エピソードと考察を分けて書くメリットは，第三者（その場面を直接は見ていない人物）でもエピソード箇所の記録を手掛かりにして，子ども理解（考察，解釈）に参加できる点です。例えば，実習生が切り取ったエピソードを保育者が読むことで，これまでの子どもの背景と結び付け，実習生とは異なる見解を教えてくださることがあるかもしれません。そのように，有効なエビデンス（証拠，根拠）となるエピソードを書くためには，コツがあります。エピソードを書く際，例えば，〈うれしそうに〉〈楽しそうに〉〈一生懸命〉〈頑張っていた〉などという表現は，いずれも自己の解釈（考察）が含まれた記述になっています。エピソード内では，まずは自分が〈○○そう〉と感

じたきっかけとなった「子どもの言動そのもの」を記載することが大切です。例えば、「砂場で，Ｈちゃんはうつむいて〈悲しそう〉にしている」と記載するよりも，「砂場で，Ｈちゃんはうつむいて〈目に手を当てて〉いる」と記載するほうが，よりその時の状況が伝わるのではないでしょうか。同様に，「カメのおうちの掃除を〈頑張って〉やっていた」と記載するよりも，「カメのおうちの掃除を〈30分間，水道とテラスを20往復しながら〉やっていた」というように，具体的な時間や回数などを記載することも重要な情報源となります。表8−4は，3歳児クラスで，生活の中でのあるやりとりをきっかけに始まったごっこ遊びのようすを捉えたエピソードです。その場面を実際には見ていないあなたも，エピソードを手掛かりに考察を深めることができるか，体験してみてください。

② 子ども理解や自己理解を深め，気付きを可視化・見える化する

エピソード記録は，エピソードを切り取って終わりではありません。どうしてその場面で自分の心が動いたのか，改めてエピソードを見返しながら，その理由を明らかにしていくことが大切です。また，『幼稚園教育要領』『保育所保育指針』などが示す5領域，育みたい資質・能力，幼児期の終わりまでに育ってほしい姿などの育ちを捉える視点と照らし合わせ，取り上げたエピソードを捉え直し，専門的な観点から子ども理解に関する考察を深めてみるよう心掛けましょう。

『自己評価ガイドライン』では，子どもの理解にあたって意識したいこととして，【自分自身の枠組みや視点の自覚】【関係の中での理解】【多面的な理解】の3つを挙げています[5]。エピソード記録は，自分自身の枠組みや視点を自覚することに有効な記録様式であるといえます。

同上書では，「活動の内容や出来不出来といった結果のみに目を向けていないか」「一定の基準や子ども同士の比較から，一人ひとりの子どもの違いを優劣として捉えていないか」などに留意する必要があると述べています。エピソード記録を書くことで，「自分は，どのような思いや願いをもって子どもに関わっているか」について立ち止まり，客観的に考える機会になります。また，「自分の関わり方や保育中の状況は，子どもにとってどのように感じられているか」という，子どもの立場からの考察によって，新たな発見があるかもしれません。実習でも，このようなエピソード記録を手掛かりに気付きを可視化・見える化することで，保育者から，その子どものこれまでの背景や異なる場面での姿などの情報が共有され，多面的に子ども理解を深め，学びを得られることでしょう。

表8−4　エピソード記録の一例

エピソード記録
タイトル：「ぎゅうにゅう，くださあい」から始まったはじめてのおつかいごっこ

　　3歳児クラスのおやつの時間，子どもたちは，順番に一人ずつ牛乳パックから自分のコップに牛乳を注いでいた。次に待っている子どもが「ぎゅうにゅう，くださあい」と言って，牛乳パックを受け取る。すると，Sちゃんが「あっ，はじめてのおつかいだ」と，絵本『はじめてのおつかい』に出てくるフレーズと同じであることに気付く。子どもたちは，次々に真似をして，「ぎゅうにゅう，くださあい」と言う。おやつの時間の後，子どもたちは保育者のそばで，絵本の主人公のみいちゃんになりきって，坂道で転ぶシーンから演じ始める。Aちゃんは，床に転び，ひざに手を当てて「あ，ちがでちゃった」と言いながら，落とした100円玉を拾いに行く。他児らも次々にその真似をする。保育室を1周し，お店に到着すると，子どもたちは「ぎゅうにゅう，くださあい」と言う。そのたびに，保育者は，その言葉をかき消すようにタイミングを見計らって車の音を演じたり，「たばこ」と言ったり，聞こえない店員のふりをしたり，絵本と同じ展開になるよう応答する。子どもたちは，そのやりとりのたびに満面の笑みになる。最後に大きな声で「ぎゅうにゅう，くださあい」と言い，全員が牛乳を買えた。子どもたちはその後も，みいちゃん役，おばさん役，おじさん役，自動車役，赤ちゃん役，ママ役をそれぞれ演じながら，物語を再現し続けていた。

感想・気付き・考察（エピソードから学んだこと）

　　私は，この場面を観察させていただいた時，自分自身がとてもワクワクして，「次の展開は，どうなるのだろう」と子どもたちの姿から目が離せませんでした。

　　保育者養成校の授業で，3歳児は「おしゃべりが盛んになる」時期で，「ストーリーのあるごっこ遊びを楽しむ」ことを学びましたが，このように何気ない生活の中でのやりとりをきっかけに，経験と経験が結び付き，遊びに発展していく場面を，私は初めて見ました。そして，子どもたちの想像力の豊かさにとてもおどろきました。以前保育者に読んでもらった絵本が子ども一人ひとりの心の中に残っていたからこそ，共通のイメージを共有しながら，遊びに発展したのだと思います。保育の営みは日々のさまざまな出来事の積み重ねであり，そこで一緒に生活する友だちや保育者と心を通い合わせる中で，予想もしないような，すてきな体験が生み出されることを学びました。

　　また，子どもの姿を5領域の観点から考察してみると，〈言葉〉の「いろいろな体験を通じてイメージや言葉を豊かにする」，〈人間関係〉の「保育士らや友だちとともに過ごすことの喜びを味わう」，〈表現〉の「自分のイメージを動きや言葉などで表現したり，演じて遊んだりするなどの楽しさを味わう」といった育ちが進んでいると思いました。この遊びがどのように発展していくのか，明日の子どもたちの様子も，引き続き観察させていただき，学びを深めていきたいです。

（3）ヴィジブルな記録

保育は，個々の子どもの興味・関心，関係性の中での学び・育ち，環境，保育者の援助や配慮などさまざまな要素が紡ぎ合って，展開されています。これらは，子ども主体の保育を展開してくために，どれも欠かせない要素です。そこで実習では，ぜひその一つ一つに着目し，保育の営みの具体的な理解に努めましょう。

ところで，保育者が子ども理解を深めながら保育を展開していくための記録として，現在はさまざまな様式のものが試行錯誤されています。

ここでは，その記録様式を実習においてアレンジしながら活用し，意識的に一つ一つの営みに着目していくことを試みた事例を紹介します。

1）クラスの個々の子どもの姿や特徴を可視化・見える化できる表型記録

表型記録は，「一人ひとりがどんな子どもなのかを把握したいとき」や，「クラス全体の活動で，一人ひとりがどんな様子だったのかを書き留める際」に活用しやすい記録方法です[6]。記録する際のポイントは，子ども一人ひとりの興味や関心，言葉・行動・表情などや，保育者の援助のあり方などに着目することです。

表8-5は，製作活動〈廃材を使った似顔絵作り〉の際に，実習生がその活動に取り組む子ども一人ひとりの様子を捉えた記録です。子どもの姿をもとに，5領域の観点から育ちを評価しながら考察を深めています。

その他，実習中に表型記録を活用した学生は，以下の場面で有効に活用できたと述べています。

> ・さまざまな年齢のクラスに短期間ずつ入る観察実習のときに，漏れなく子どもと関わり，一人ひとりの名前や特徴を捉えたいとき。
> ・責任実習の前に，生活や遊びにおけるクラスの子ども一人ひとりの特徴や興味・関心を知りたいとき。
> ・責任実習後に，自分が設定した活動時の子ども一人ひとりの様子や進んでいる育ちを振り返り，自己評価したいとき。

このように，表型記録は，実習時のさまざまな段階で活用でき，実習と親和性が高い記録様式であることがわかります。

また，一番右列をフリースペースとし，子どもの人数に合わせて罫線を加え調整したり，環境図や保育者の配慮・援助欄，備考欄として状況に応じて分割したりしながら使用すると，活用度が高いことが見えてきます。

アドバイス
子ども同士の関係性が深まり，一緒に遊ぶようになると，記述にしくいという弱点もあります。

表8−5 表型記録の一例

5歳児　さくら組　20××年2月6日（水）　天候：雨　　出席：19人　欠席：2人　　実習生氏名：○○ ○○　　指導者氏名：△△ △△

場面：製作活動（廃材を使った似顔絵づくり）　　ねらい：身近なものを使って、表現する楽しさを味わう。

個人記録（子どもの様子〈生活や遊びにおける興味・関心、話した言葉、行動など〉）				保育者の援助〈関わり方、言葉掛けなど〉
1. Yくん 黄色が大好きで黄色の毛糸や画用紙をたくさん使っていた。 表現①：さまざまな形、色、手触りなどに気付いた。色、手触りなどに気付いたり感じたりするなどして楽しむ。	2. Kくん 自分が使っている黄色の毛糸を同グループの友だちに分けていた。 人間関係⑩：友だちとの関わりを深め、思いやりをもつ。	3. Yちゃん ハートのマークが印刷してあるペットボトルのキャップを気に入り、似顔絵の周りに50個以上のキャップを並べ、他児から注目を浴びていた。 表現①：1. に同じ。	4. Mくん 周りの友だちに、「それ、なに？」などと声を掛け、コミュニケーションをとっていた。 人間関係⑥：自分の思ったことを相手に伝え、相手の思っていることに気付く。	・環境構成への配慮について、保育室の前方に、さまざまな廃材を見やすく並べ、子どもたちが使用したいものを必要な分だけ各自自由に使うことができるように環境構成していた。 ・保育者の関わり方について、保育者は、子どもの様子を見て回り、工夫しているところをほめたり、素材や道具の特徴を必要に応じて伝達したりしながら、個々の表現を支えていた。
5. Nくん 3. Yちゃんの真似をして、ハートのマーク柄のキャップをたくさん並べていた。 人間関係⑦：友だちのようすに気付き、一緒に活動する楽しさを味わう。 後日、出席した際に、「折り紙や毛糸などを使って似顔絵を作ったから、一緒に作ろうね」と声を掛ける。	6. Sちゃん 欠席 後日、出席した際に似顔絵を作る。	7. Wくん 次から次へと自分が気になる素材を持ってくるため、机の上が素材であふれていた。 表現⑤：いろいろな素材に親しみ、工夫して遊ぶ。	8. Aちゃん 毛糸が絡まってしまい、保育者を呼び、援助してもらっていた。 言葉③：したいこと、してほしいことを言葉で表現したり、わからないことを尋ねたりする。	

※領域名の後の番号は、子どもの姿をもとに該当する保育所保育指針の内容の番号を記した。

考察

今回、私は、子どもの興味・関心や言動を記録することと同時に、ねらいの観点からの育ちも把握できるよう観察することを心掛けました。記録を見返してみると、製作活動であるため、「表現」の領域に関する育ちが多くみられましたが、それだけではなく、友だちや保育者と積極的に関わり、物を貸してあげたり、コミュニケーションをとったりする育ちが進んでいる姿もみられ、「人間関係」の領域に関する育ちが進んでいることを理解することができました。

2）文章では表しきれないその時の様子を鮮明に可視化・
　　見える化できる写真を活用した記録

　写真を活用した記録は，p.111 で取り上げたエピソード記録に写真を加えたものです。近年，養成校と実習園が協力し，実習生の学びの質向上のため，実習時に実習生がカメラを使用して写真を撮り，記録や考察に生かす取り組みを導入し始めている事例があります。

　シャッターを切るポイントとして，子どもの姿を捉える7つの視点「安心・安定／関心を持つ／熱中する／困難ややったことのないことに立ち向かう／他者とコミュニケーションを図る／自ら責任を担う／学びを深める」などがあります[7]。

　表8-6は，実習生が7つの視点のうち「関心を持つ」姿を意識しながら，1歳児を観察した際の写真と記録です。

　写真を活用した記録は，文章だけでは表現しきれないその時の状況をより鮮明に映し出すことができるため，第三者との共有や写真を手掛かりにした振り返りなどが容易にできる点が，優れています◀。その他，保育環境に着目して写真を撮り，環境構成について考察を深める実践例もあります。

3）環境構成と子ども同士の関係性や遊びの展開を可視化・
　　見える化できる MAP（環境図）型記録

　MAP（環境図）型記録は，「一日の保育場面で，どこで，誰が，誰と，どのような遊び」や「経験をしていたのか」，「子ども同士の人間関係」を把握し，「空間的な環境構成」の配慮や「遊びと遊びのつながり」などに関して理解を深めながら，次なる指導計画に役立てていくことができる記録方法です[8]。

　図8-2は，5歳児クラスの子どもたちが，2つの部屋で自由遊びを行う際に，子ども同士の関係性や個々の遊び方を知りたいと思った実習生が観察をもとに書いた記録です◀。

　MAP（環境図）型記録は，クラスのあちらこちらで起こっている小さなエピソードの数々を併記でき，後から俯瞰的にクラスの全体像を捉えることができるというメリットがあることが見えてきます◀。実習生が，このMAP（環境図）型記録を活用することで，保育者と，より深い子どもに関する対話を育みながら，子どもの実態に即した次なる指導

アドバイス

　複数の写真を活用して，子どもの学びのプロセスを捉えていく方法も考えられます。

アドバイス

　図8-2の各コーナーでのエピソードを読み，このクラスの子どもたちのために設定したい環境や活動を考えてみましょう。

アドバイス

　時間経過により，遊びが変化したり，人間関係が変化したりした場合，書き表しにくいという弱点もあります。

表8−6　写真を活用した記録の一例

ゆめ組（1歳児）　　　　　　　　　　　　20××年2月10日（月）
　　　　　　　実習生氏名：○○ ○○　　指導者氏名：△△ △△

タイトル：歌とクレヨンで，イメージを自分なりに表現する1歳10か月児

エピソード：
　Aちゃんは，保育室にあるおもちゃを眺めながら一周した後，棚にあるクレヨンを見つけました。私が新聞紙を敷いて紙を準備してみると，お絵かきを始めました。
　Aちゃんは，「ララ〜ララ〜ラララ〜」と“きらきらぼし”を口ずさみ，頭を大きく横に揺らしながら，リズムにのって青色のクレヨンを走らせます。
　A6サイズの小さな紙を一気に描き上げ，2枚目の大きな画用紙に挑戦です。再び“きらきらぼし”のリズムにのって，濃くリズミカルな線を描いていました。

考察：
　1歳児クラスに入るのが初めてだったため，1歳児がどのようなことに関心があるのか見守っていたところ，Aちゃんは，クレヨンに関心があることがわかりました。リズミカルに歌いながらクレヨンを操作する姿を見て，一つの遊びの中でも，「音楽，リズムやそれに合わせた体の動きを楽しむ（表現②）」「生活や遊びの中で，興味のあることや経験したことなどを自分なりに表現する（表現⑥）」「身の回りの物に触れる中で，形，色，大きさ，量などの物の性質や仕組みに気付く（環境③）」といった複数の領域にまたがる育ちが進んでいることに気付きました。
　時々手を休めて，きらきらぼしを口ずさみながら，側で一緒に絵を描いている私や他児を見つめる時もあり，他者と過ごす心地よさ（「保育士らや周囲の子どもらとの安定した関係の中で，共に過ごす心地よさを感じる（人間関係①）」）を感じているのだと思いました。
　明日の実習では，このような場面で，保育者はどのような言葉掛けをするのか，「保育者の関わり方」に着目して学びを深めていきたいです。

計画を立案していくことができるでしょう。
　さて，ヴィジブルな記録として，多様な記録様式を紹介してきましたが，重要なことは，その日の実習では保育現場の保育の営みにおける何に着目するのか，そのために有効な手段は何かを自己決定し，主体的な学びを進めていく意識を常に持ち続けるということです。ただ記録を書くのではなく，目的意識を持った観察と記録が重要となることが見えてきます。

5歳児　　　ぞう組　　　　　　　　　　　　20XX年　　8月　9日（　金　）

1日の流れ

8：15	順次登園
	室内遊び
9：30	片付け
9：40	朝の会
	歌
9：50	自由遊び
	（2つの部屋を使用）

※この活動時の記録
　を右図に記載する。

11：05	片付け
	水分補給
	排せつ
11：20	布団敷き
	絵本
11：45	給食準備
12：00	給食
	歯磨き
13：00	午睡
15：00	目覚め
	排せつ
15：20	おやつ
15：35	帰りの会
	歌
	紙芝居
16：00	自由遊び
	順次降園

主な行事・活動など：　　　　　自由遊び（室内遊び）

〈背景〉

　前日，クラスで起こったトラブルをきっかけに，この日は急遽，保育者の判断で，子どもたちが気持ちを落ち着かせて過ごせるよう，2つの部屋を使用し，2つのグループに分かれて過ごすことになった。朝の会で，保育者が8人と13人のグループを作るよう伝えると，子どもたちは，「○○ちゃん，いっしょのグループになろう」「1・2・3・・あと△にんたりない」などと自分たちで話し合い，子どもたち自身でグループを作った。

マップ（多目的室／保育室）

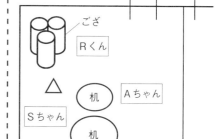

おうちごっこ

　「わたし，おかあさんやる」とSちゃん。Aちゃん，Tちゃんはお姉さん役。Mちゃんはネコ役と配役を決めて，おうちごっこが始まる。そこへ，「オレさまは，ライオンだー」とRくん。女児らが作ってくれた料理に対し，「ライオンは，にくをたべるんだ。ケーキはいらねぇ」とライオンになりきっている。そして，立てかけてあるござに登り，「ウォー」と遠吠え。Rくんライオンに刺激を受け，女児らは，「ライオンがたべるものってなんだろう」と，図鑑を持ってきて調べ始める。そこから，本日限定のこの8人クラスは，「ライオン組」となる。

塗り絵・粘土

　色鉛筆で塗り絵が終わると裏返しかいぬりえができて，たのしい」とごっこ遊び。Tくんは，お寿司屋されぞれ順番にお店屋さん役とお客さ

考察（環境マップ，子どもの姿，保育者の援助からの気づき，考えたこと，

　本日は，普段とは異なる環境の中で，どこで，誰が，誰と，どのように遊ぶのかを知りたびの展開の豊かさと子どもたち同士の関係性について改めて理解を深めることができましが食べるものを調べ始めるなど，予想もしない展開にとてもおどろくとともに，子どもたちしむのではないかという予測を立てることもできました。
　養成校の授業で，「子どもが安心感をもって自分の思いや今持っている力を十分に表現しとなると学びましたが，2つの部屋を使用し，じっくり思い思いに遊び込める状況は，気持かと思いました。また，遊びの中で子どもたちが保育者に抱っこしてもらうことを望み，ね　る大切さを知り，背景を踏まえた個々への関わりや環境構成への柔軟な配慮の重要性を学び
　このように，一歩引いて全体が見えるように観察することで，子どもたちにとってよりよたいと考えます。

図8−2　MAP（環

天候： 晴れ　　出席： 21名　欠席： 3名

ねらい：　友だちのよさに気付き，一緒に活動する楽しさを味わう。

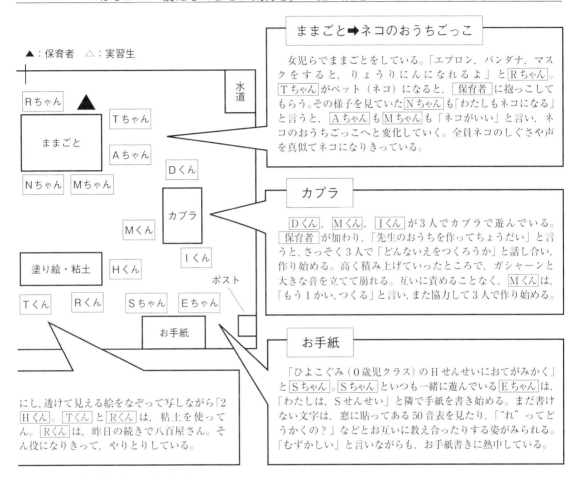

▲：保育者　　△：実習生

ままごと ➡ ネコのおうちごっこ

　女児らでままごとをしている。「エプロン，バンダナ，マスクをすると，りょうりにんになれるよ」とRちゃん。Tちゃんがペット（ネコ）になると，保育者に抱っこしてもらう。その様子を見ていたNちゃんも「わたしもネコになる」と言うと，AちゃんもMちゃんも「ネコがいい」と言い，ネコのおうちごっこへと変化していく。全員ネコのしぐさや声を真似てネコになりきっている。

カプラ

　Dくん，Mくん，Iくんが3人でカプラで遊んでいる。保育者が加わり，「先生のおうちを作ってちょうだい」と言うと，さっそく3人で「どんないえをつくろうか」と話し合い，作り始める。高く積み上げていったところで，ガシャーンと大きな音を立てて崩れる。互いに責めることなく，Mくんは，「もう1かい，つくる」と言い，また協力して3人で作り始める。

お手紙

　「ひよこぐみ（0歳児クラス）のHせんせいにおてがみかく」とSちゃん。Sちゃんといつも一緒に遊んでいるEちゃんは，「わたしは，Sせんせい」と隣で手紙を書き始める。まだ書けない文字は，窓に貼ってある50音表を見たり，「"れ"ってどうかくの？」などとお互いに教え合ったりする姿がみられる。「むずかしい」と言いながらも，お手紙書きに熱中している。

にし，透けて見える絵をなぞって写しながら「2□Hくん。TくんとRくんは，粘土を使って□ん。Rくんは，昨日の続きで八百屋さん。そん役になりきって，やりとりしている。

明日の観察の視点・目標など）

いと思い，マップ型記録を活用して観察しました。この記録を書き，見返す中で，子どもたちの中で繰り広げられる遊た。例えば，［おうちごっこ］では，ライオンになりきる男児の発言をきっかけに，他児らは図鑑を持ってきてライオンの他者を思うやさしさを感じました。また，粘土遊びの様子から，きっと2人は明日も粘土で引き続きごっこ遊びを楽

たり発揮したりすることができる状況となっていたか」という視点が，保育所保育指針に基づく振り返りの1つの視点ちを落ち着かせて，自己を発揮することができ，また遊びを通して友だちのよさをより感じることができたのではないコになる場面がありました。年長児であっても，肌の触れ合いを通して安心して過ごすことができる環境・状況をつくました。
い次の保育が考えやすくなることを実感しました。この学びを，責任実習を行う際の環境構成や活動に結びつけていき

境図）型記録の一例

引用文献

1）文部科学省：幼稚園教育要領解説，フレーベル館，2018，p.121.
2）厚生労働省：保育所保育指針解説，フレーベル館，2018，p.53.
3）文部科学省：幼稚園教育要領解説，フレーベル館，2018，p.122.
4）前掲書3），p.123.
5）厚生労働省：保育所における自己評価ガイドライン（2020年改訂版），2020，p.12.
6）大竹節子ほか：まるわかり保育の記録，ひかりのくに，2018，p.30.
7）小泉裕子・佐藤康富：写真とコメントを使って伝えるヴィジブルな保育記録のススメ，すずき出版，2017，p.106.
8）大竹節子ほか：まるわかり保育の記録，ひかりのくに，2018，p.32.

参考文献

・文部科学省：幼稚園教育要領解説，フレーベル館，2018.
・厚生労働省：保育所保育指針解説，フレーベル館，2018.
・内閣府，文部科学省，厚生労働省：幼保連携型認定こども園教育・保育要領解説，フレーベル館，2018.
・厚生労働省：保育所における自己評価ガイドライン（2020年改訂版），2020.
・大竹節子ほか：まるわかり保育の記録，ひかりのくに，2018.
・小泉裕子・佐藤康富：写真とコメントを使って伝えるヴィジブルな保育記録のススメ，すずき出版，2017.
・河邉貴子・田代幸代：目指せ，保育記録の達人！，フレーベル館，2016.

実習先での振り返り

1. 実習中の一日を終えて

（1）降園後の実習生の役割

　子どもたちの降園した後にも翌日の保育に向けた環境整備や教材準備など保育者のなすべき仕事はたくさんあります。実習生も保育補助の一環としてそれらの仕事に取り組む機会を与えられますが，「やらされている」といった意識ではなく，子どもたちの健やかな育ちや学びのために必要であることを理解し，子どもたちと過ごした一日の生活を振り返りつつ自ら率先して取り組むよう心掛けましょう。

1）環境整備

　保育室やトイレの清掃，おもちゃの消毒など子どもの生活環境を整える際には，単に清潔を保つというだけでなく，例えば乳児クラスであれば誤飲を防ぐため床に落ちているものをチェックしたり，おもちゃの破損の有無を確かめたりといったように，年齢や発達に応じた配慮が必要となります。遊具や教材の整理整頓は翌日子どもたちがスムーズに遊びに取り組むことを可能にし，きれいに後片付けをする意識も育むため丁寧に行いましょう。園庭の掃き掃除・草むしり・石拾いといった屋外環境の整備を任されることもありますが，子どもたちが安心して遊べる環境づくりのためにもガラスの破片や釘，小動物の排せつ物といった危険物がないか確認し，何か気付いたことがあれば保育者に報告しましょう。

　こうした環境整備の機会は，子どもたちの生活や遊びの痕跡から保育中には気付かなかった子どもの育ちや興味・関心を捉えるきっかけともなります。また，子どもが継続して遊びに取り組めるよう場を整えるだけでなく，さらに子どもたちの深い学びや成長につなげるための発展的な環境構成について考察することで保育はより一層充実したものとなります。環境整備を行う際にも，学びの視点を持ってしっかりと意識しながら取り組みましょう。

2）教材準備

翌日以降の活動で用いる教材の準備を行う際には，常に子どもの姿を念頭に臨みましょう。例えば製作遊びであれば使用する材料をどこまで下ごしらえしておくかは，子どもの育ちやその活動のねらい（子どもたちに何を経験してほしいか）によって異なってきます。漫然と取り組むのではなく，子どもの発達を支える活動の意図を読み解くよう努めましょう。実習生自身が部分・責任実習に向けて事前準備をする際にも子どもの育ちの姿を振り返りつつ取り組むことが求められます。その他，保育環境としての壁面装飾◀の製作を任されることもあります。あらかじめ季節や実習中の行事に応じた製作物のアイデアも下調べをしておいて実習に臨むとよいでしょう。

（2）実習指導者からの指導

保育中に直接指導・助言をいただく他にも，その日の終わりごとにクラス担任との間で反省会が設けられることがよくあります◀。その日一日実習をしたクラスで保育に携わった感想や，わからなかったこと，疑問に感じたことなどをクラス担任や実習指導者に伝え，指導・助言を受けます。これに加え，実習を前半・後半で分けて，中間での振り返りとして実習指導者との反省会を設けている実習園もあります。

指導の受け方としては，実習指導者からの指導はしっかりとメモを取りながら聞きます。また，指導・助言を受けたことは何事も素直に「はい」と受け止める姿勢が大切です。実習生に対する指導・助言はときに厳しい内容となることもありますが，それらは「よい先生になってほしい」という期待感の表れであったりします。たとえ自分にとって不本意な評価であったとしても，先生方から客観的に指摘されたことについては，そのように評されてしまったのはなぜか，今後の課題としてどのように改善すべきか反省し，自らの実習力を向上するきっかけとして前向きに捉えましょう。実習生が指導・助言を受けた内容に対して言い訳をすることは，否定的・批判的な言動として相手に受け取られてしまうおそれもありますので慎むようにしましょう。

反省会が終わったら，日々の忙しい保育の合間を縫って時間を取ってくださったことへの感謝の念を忘れずに，きちんと「ありがとうございます」とお礼の言葉を伝えます。先生方からいただいた指導・助言はその場限りのものとせず，要点を実習日誌にまとめ，翌日以降の保育実践に反映させるよう心掛けましょう。

解説

壁面装飾

保育室や廊下，遊戯室などの壁面を造形作品やさまざまな素材で装飾すること。季節感を表すものや行事に係るものなど，それを目にする子どもたちにとって意味のあるものが望ましいでしょう。

チェック！

反省会の回数は，園によって異なります。

（3）実習日誌で一日を振り返る

一日の実習を終え，その日に得られた学びを実習日誌にまとめます。
実習日誌は単に自分のしたことや保育中にあった出来事などを記録として書き留めるだけでなく，自らの実習力向上のため実習生としての自分自身の保育行為について振り返り，考察（省察）しながら記入することが大切です。文章化を図ることで自身を客観的に振り返り，翌日以降のステップとなる課題を探りましょう。

1）保育者から学んだこと

保育者の保育実践の観察を通して，また保育者の指導を受けながら保育補助を行って，職務について学んだことをまとめます。実習園（配属クラス）の一日の流れ（デイリープログラム）を把握しつつ，子どもを育て，生活が心地よくスムーズに流れていくよう保育者が行っている援助について振り返り，翌日からの保育では自ら率先して保育補助を行います。記述の際には，保育者の援助がどのような配慮に基づいて行われていたのか考察をするとよいでしょう。翌日以降には考察したことをふまえて実習生自身が何らかの意図を持って保育に取り組むことで学びを深め，また新たな気付きが得られるようになります。

2）子どもから学んだこと

保育中に観察された子どもの姿や子どもとの関わりを通して理解したことについてまとめます。子どもの活動やその中でみられた姿を記述するだけに止めず，そこから子どもの発達の過程や個々の特性などを考察して記述するように心掛けましょう。子ども理解を深めることで，新たな関わりや発達の援助のための糸口が見えてきます。翌日以降の子どもへの関わりをどのようなものとするか，振り返りを通してその方向性を模索しましょう。

3）自分自身を振り返って気付いたこと

自分自身の実習力について，自らの保育実践や保育者から受けた指導を通して気付いた課題や反省，達成できたことも含め自己省察をします。実習日誌にまとめることで実習生としての自身の成長過程を把握するとともに，自らの保育観・子ども観を育むきっかけにもなります。こうした実習力を向上させるプロセスは，保育者として実際の保育現場に臨んだときに自らの保育力を向上し，保育の質を高めていく「保育の過程」を体得することにつながっていきます（図9-1）。

チェック！

実習日誌の書き方・まとめ方について，詳しくは実習8を参照してください。

解説

デイリープログラム

登園から降園までの子どもたちの一日の生活の流れ。園生活が長時間化するなかで子どもが生活リズムを身に付け，心身の安定を図るうえでも，食事や午睡などがある程度決まった時間に提供されることが求められます。家庭と連携し，個人差に配慮することも必要となります。

図9−1　保育の過程

（4）養成校教員による訪問指導

　実習期間中に少なくとも1回以上，養成校の実習担当教員による訪問指導を受ける機会があります。特に保育実習の場合には規定（保育実習実施基準）により面接指導を受けることが実習の単位を修得する上で不可欠となります。

　訪問指導は実習中盤に設定されることが多く，実習生は実習前半での学びを振り返りながら担当教員に実習目標の達成状況を報告します。また実習中に明らかになった自身の課題もふまえ，担当教員から助言を受けつつ実習後半に向けて目標を再設定する機会となります。実習開始までに担当教員と打ち合わせをして，事前に実習目標や課題について伝えておきましょう。その他，実習にあたって悩み事や困難に感じていることなどがあれば一人で抱え込まず，ささいなことであっても担当教員に相談して実習が円滑に進められるようにしましょう。

2. 実習期間を終えて

　実習期間の後半から最終日にかけて，実習についての反省会が設けられることがあります。反省会では，実習の総括として実習生が得た学びを確認するとともに，園長，主任（実習指導者であることが多い），実習を実施したクラスの担任など実習生と関わった先生方から実習生の今後の課題とそれに対する助言が与えられます。

　また，実習期間では学びきれなかったことについて質疑応答が交わされます。初めての実習であった場合には，保育者という仕事の印象や子どもたちと関わって共に過ごした感想などを聞かれることも多くあります。保育を志す学生として，今後につながる課題を明らかにするためにも積極的な姿勢で参加をしましょう。

第 3 部
実習が終わってから

10 養成校における自己評価・反省

　『保育所保育指針』の第1章 総則には，「保育内容等の評価」の記述があり，保育士と保育所の自己評価について述べられています。

第1章　総則　3　保育の計画及び評価

(4) 保育内容等の評価

ア 保育士等の自己評価

（ア）保育士等は，保育の計画や保育の記録を通して，自らの保育
　　　実践を振り返り，自己評価することを通して，その専門性の向上
　　　や保育実践の改善に努めなければならない。

（イ）保育士等による自己評価に当たっては，子どもの活動内容や
　　　その結果だけでなく，子どもの心の育ちや意欲，取り組む過程な
　　　どにも十分配慮するよう留意すること。

（ウ）保育士等は，自己評価における自らの保育実践の振り返りや
　　　職員相互の話し合い等を通じて，専門性の向上及び保育の質の向
　　　上のための課題を明確にするとともに，保育所全体の保育の内容
　　　に関する認識を深めること。

　また，文部科学省の幼児教育部会における審議の取りまとめにおいても，「教育内容の質の向上に向けて，幼児の姿や就学後の状況，家庭や地域の現状等に基づき，教育課程を編成し，実施し，評価して改善を図る一連のPDCAサイクルを確立すること」とあり，保育の営みは，計画（plan），実践（do），評価（check），改善（action）のPDCAサイクルを確立してくことが求められています。実習においては，条件が限られるためPDCAサイクルの確立は難しいですが，実習力の向上のためには自己評価はとても重要です。

　この「実習10」では，実習中に学んだことをもとに，自分が実習中にできたこと・努力をしなければならないことを明確にし，次の実習に向けての課題を見つけることを目標とします。

チェック！

　「実習09」図9－1
（p.124）を参照。

1. 実習力の自己評価

　実習を振り返ることは，今後の実習に向けて，さらには保育者としての一歩を踏み出すために大切なことであり，学んだ内容をまとめることで確かな知識となります。日誌をもとに，保育者や子どもたちから学んだこと，気になったことなどを事例として挙げ，まとめてみましょう。そうすることで，実習の中でどのような学びがあったかが理解でき，自己評価へとつながることでしょう。また，保育者や子どもたちから学んだことの事例を持ち寄り，養成校の仲間と事例を共有し，ディスカッションすることで，自分だったらどうするだろうと考える模擬体験ができます。この過程が子ども理解や保育観をさらに深めていくこととなるでしょう。

（1）保育者から学んだこと

　実習中には，「こんなとき，どうすればよいのだろうか」と，何もできない自分にがっかりしたり，保育者の援助によって変わっていく子どもたちの姿におどろいたり，環境構成の大切さに気付いたりしたことでしょう。

　保育者の観察をしたり，教えていただいたりしたことを実際に子どもの前でやったりしたことで，多くの学びがあったはずです。保育者から学んだことをまとめておくにあたって，具体的な視点を挙げると，以下のような点が挙げられるでしょう。

・子どもたちの遊びをどのように発展させていたのか。また，発展させるためにどのような工夫・言葉掛け・環境構成をしていたのか。

・集団と個の指導のバランスをどのようにとっていたのか。

・子どもたち同士で思いが伝わらずにトラブルになってしまったときにどのような対応していたのか。

・基本的生活習慣を身に付けるにあたってどのような援助をしていたのか。また，子どもたちが自ら進んで行うためにどのような環境構成がされていたのか。

・特別な支援の必要な子どもに対しての援助。

　これらのケースにあたる印象的な出来事を，事例としてまとめておくとよいでしょう。

事例1　5歳児・自由遊び場面でのトラブル◀

✂ チェック！

事例1について，あなただったらどのように対応したと思いますか。考えてみましょう。

　子どもたちは，自分の好きな遊びをしており，ボールや遊具などで遊ぶ子，友だちを誘い合い氷鬼をする子，スクーターに乗る子などがみられた。そんな中，Aちゃんは砂場で山を作って遊んでおり，「先生も手伝ってと」声を掛けてくれた。すると，Bちゃんもやってきて，3人で大きな山を作った。大きな山ができると2人はとても喜んでいた。「これ，もしかしたらトンネルになるかな？」と私が言うと，Aちゃんは「作ろう。先生は反対側から掘って」と言い，2人でトンネルを掘り始めた。

　しばらくすると，高くなった山を見て，他の遊びをしていた男の子3人が「おれも掘りたい。仲間に入れて」とやってきた。Aちゃんはしぶしぶ「いいよ」と言うと，男の子たちも掘りたかったようで，Aちゃんたちが作った山を違う角度から穴を掘り始めた。すると，突然Aちゃんが「ダメ。そっちから穴開けたら崩れちゃう」と怒った。男の子たちは「おれたちも掘りたいんだもん。トンネルつなげればいいじゃん」と言って掘り続けようとした。他の子もやってきて山を大きくしようと山の上に砂を乗せようとし始め，皆が砂山で遊びたいという気持ちになり収拾がつかなくなったところでAちゃんが怒って泣き出してしまった。

　男の子たちは「仲間に入れてって言ったら，いいよって言ったじゃん」と主張し，私はAちゃんに理由を聞くと，「本当は1人でトンネルを作りたくて，男の子たちも仲間に入れたくなかった」と言った。担任の先生が間に入って下さり，子どもと話す様子を見せていただいた。Aちゃんに「いいよって言ったのはAちゃんだよね。仲間に入れたくないなら，一人で遊びたいって言っていいんだよ。男の子たちにどうしてほしいか言ってごらん」と担任の先生が言うと，「一人で遊びたい」と言った。すると男の子たちは「じゃあ隣でもっと大きい山作ろうぜ」と言って新しい山を作り始めた。

　Aちゃんはしばらく一人でトンネルを作っていると，次第に落ち着いてきた。少し経つと，Aちゃんと男の子たちでどちらが高く山を作れるか競争するという遊びになっていた。最後は仲よく，お互い楽しそうに遊んでいるようだった。トラブルが起きた時の対応を，担任の先生の対応から学ばせていただいた場面だった。

　事例1では，5歳児らしく集団で試行錯誤しながら主体的に遊んでいる様子がよく捉えられています。実習生はAちゃんがしぶしぶ答えていることにも気付いていたようです。しかし，「Aちゃんの想いを受け入れたようで受け入れきれていなかったのでは」，「5歳児だから集団で遊ぶ時期だろうからこれでよいのかな」と気にかかっていたことでしょう。Aちゃんは泣き出してしまい，担任の保育者が間に入ることになりました。担任の保育者は，Aちゃんに自分の気持ちを引き出しながら自己決定を促し，Aちゃんも男の子たちも気持ちよく遊びだせるように援助しています。この担任の保育者が取った援助の過程は，まさに

保育者から学んだこととなったでしょう。また，学びを深めるために，Aちゃんや男の子たちの気持ちの揺れ動き，担任の保育者の援助の過程の詳細などについて話し合うこともよいでしょう。

さらに，日々書いていただいた，保育者からのアドバイスのみを追って読み返してみることで，保育者として大切なことが見えてくるでしょう。

（2）子どもから学んだこと

実際に子どもたちと過ごすことで，個人差，年齢などの発達差，子どもの興味・関心の多様性，一人ひとりの子どもを見るということ，集団の中の子どもの姿など，学んだことが多くあるでしょう。

事例2　どのように援助すればよかったか

4歳児の女の子4人と，3歳児の女の子2人と大縄跳びをして遊んでいた。片方は，ポールに縄が結んであり，もう片方を私が回すような形で，遊びを始めた。最初は一人ひとりが1回ずつ飛んで，縄から出て…を繰り返して遊んでいた。もともとルールなどは作っていなかったので，にょろにょろを跳びたい，大波を跳びたい，縄を回してほしいという子がおり，自由に遊んでいるといった様子だった。遊んでいるうちに，Cちゃん（4歳児）が「飛びやすいように飛ぶ位置に印を書こう」と声を掛けると，口々に「じゃあ，こっちに一列に並ぼうよ」と子どもたち自身でルールを決め始めた。私は口を挟むことなく様子を見守っていた。どうすればやりやすくなるのか子どもたちで話し合い，試行錯誤する中で，さらにルールは変化していった。

1回に飛ぶ回数も増えていき，子どもたちも飛ぶだけでなく，縄を回したいという思いが強くなっていったのか，「私も縄を回したい」と一人の子どもが言い出すと，私も私も，と収拾がつかなくなってしまった。しばらく見守っていたが，話が平行線だったので，「縄を回したい子は誰なの？」「4人ともみんな縄回したいんだよね。みんな回すためにはどうすればいいかな？」と子どもたちに問い掛けてみた。始めのうちはみんな自分ができればいいという感じだったが，徐々にみんなで回すためには，どうしたらよのか自分たちで考え，話し合っていた。Dちゃん（4歳児）が「時間で交換すればいいじゃない？」と意見を出すと他の子どもたちも「それいいね」と共感し，解決策を自分たちで見つけていた。「回す順番はどうする？」と子どもたちに問い掛けてみると，Cちゃん（4歳児）とEちゃん（3歳児）が一番最初に回したいと言った。「どうしようか」と声を掛けると，Cちゃんは少し悩んだ後，「Cちゃんはお姉さんだから，Eちゃんに譲る」と自分の気持ちだけではなく，他人を思いやる姿がみられた。

しかし，子どもたちでは縄を上手に回すことができず遊びが中断してしまった。子どもの想いを受け止めたつもりだったが，遊びが続かず，どのように対応すべきだったのか疑問が残った。

　事例2は，3，4歳児女児6人と実習生との縄遊びの場面の事例です。3，4歳児それぞれが自分のできる跳び方を楽しんではいますが，発達の違い・個人差があることがわかります。

　また，4歳児後半になると年下の友だちにやさしくしようとしたり，友だちと話し合いをしながら遊びを進めたりすることができる子どもたちがいるということも理解できるでしょう。しかし，1段落目，2段落目ともに，子どもたちが主体となり話し合いをしながら遊びを進めているものの，2段落目には実習生が間に入ったという違いがあります。そこには，順番をめぐる対立があり，3歳児や4歳児では自分たちだけで話し合いを進めていくことは難しいことがわかります。さらにこの違いが，1段落目のやり取りに関しては，以前に保育者と一緒に経験していたのかもしれないという予想が立ち，経験をもとに遊びを展開することができているのではないかということがわかります。

　この事例2は，残念ながら遊びが続かなくってしまいました。では，どのように援助することで遊びが継続・発展できたのでしょうか。子どもたちが回したいと思ったのはどうしてなのかということをどう理解するかによって援助は変わるかもしれません。遊びをどう援助していくかということも考える機会をもてると，より学びが深まるでしょう。

　生活習慣に関することは，一緒に生活をすることで理解が深まり，事例としてまとめやすいかと思いますが，事例2からわかるように遊びの中からも子どもたちから学ぶことは多くあります。日誌から事例を探し，子どもから学んだことをまとめておきましょう。

アドバイス
　基本的生活習慣獲得の発達段階と，その段階に応じた援助についてもまとめておきましょう。

（3）自分自身を振り返って気付いたこと

　保育者としての仕事は，目の前の子どもたちの保育だけではありません。どのような職務内容があったのか，その職務内容についての理解・実践ができたのかもまとめておきましょう。また，自分が長けていたことや努力が必要なこと，部分実習・責任実習の反省などもしておきましょう。

事例3　実習を通しての感想（抜粋）

　トラブルの対応をする場面が多いクラスでしたが，会話をしっかりできて，一緒に思いっきり遊ぶことができたのですごく楽しかったです。毎朝私を見つけて走ってきてくれる子がいたり，保護者の方から「遊んでくれてありがとうね」と言われたりしたこともあり，自信につながりました。

実習では，できないことばかりで落ち込む日々だったかもしれませんが，事例3のように，一生懸命に実習に取り組んだ結果，子どもたちや保育者，保護者から掛けられた忘れられない言葉もあるでしょう。それは，これから保育者としての道を歩む上でエネルギーとなるでしょう。

自分が頑張ったことやできたなと思うことを事例の中から見ていくことが難しいと感じた人は，日誌の反省から振り返ってみましょう。

事例4　実習最終日の日誌から

<日誌の反省より>

今日のねらいは，「子どもたちが絵本を楽しむことができるように，自分も楽しんで読む」でした。最初はとても緊張していましたが，子どもたちの様子を見て次第に自分自身も楽しんで読むことができました。そして，指導案作成にあたり，子どもの姿を予想して対応を考えることがとても大切だと実感しました。2つ目のねらいは，「積極的に子どもたちに関わり，気持ちをくみとることができるようにする」でした。実習前半で0歳児クラスに入った際にはあまり関わることができなかった子どもとも今日は関わることができました。そして，自分なりによく考え，子どもが何を伝えようとしているのかを理解しようと努力しました。子どもの気持ちを受け止めて保育をできるように今後の目標としていきたいです。

<指導者の所見より>

実習お疲れさまでした。0歳児クラスで実習した後，他クラスを見て1週間ぶりの0歳児クラス。○○さんの表情もとてもよく，子どもたちも久しぶりに会えた喜びを表現していました。何をするにも，伝えるにも保育者が楽しむことはとても大切なことですね。毎日の生活をなんとなく過ごすよりも，新しい発見や気付きに反応できる方が子どもたちにとっても，保育者にとっても意味のある毎日になります。そのために，気付いたことを子どもたちに話したり，一緒に喜んだり…子どもたちの気付きにいち早く気付いて見守る，そして共感できるようになるとよいですね。たくさんの気付きとたくさんの笑顔が輝くように祈っています。

事例4は，保育実習Iで部分実習を行った最終日の日誌です。楽しんで絵本を読むことができて自信につながったことや，なかなか関わりを持てずにいた子と関わり気持ちを受け止めようと努力したことが書かれています。担当の先生からは，実習生の頑張りを認めてくださっている様子がわかります▶。実習生にとって自信につながったことでしょう。

自分自身で，実習生としてできたことや自信が持てたことは何か，できなかったことは何かを振り返り明確にしておくことはとても大切です。明確にすることで，次への課題が見つかります。具体例を挙げながら，さらに伸ばしたい点，努力が必要な点をまとめ，改善していきましょう。

▷アドバイス

実習園の保育者からのどのようなアドバイスが印象に残っていますか。友だちと共有してみてもよいでしょう。

2. 次の実習に向けて

　次の実習に向けて必要な自己評価として，事前に立てた目標に対しての評価をすることも大切です。その際，先述したような事例を参考にしたり，日誌を読み返したりしながら，どのようなことができたのか，なぜできなかったのかを考えることも忘れないようにしましょう。自己評価したことから，次期実習の自己課題を見つけることも大切です。表10－1を参考に，実習を振り返りながら，自己評価をしてみましょう。

表10－1　自己評価シート

表1　実習種別〈　　　　　　　　〉　振り返り

学籍番号　　名前

1．実習前に設定した「実習のねらい」について評価しましょう

実習前に設定したねらい	大変よくできた／よくできた／できた／できなかった	評価の理由
1	A B C D	
2	A B C D	
3	A B C D	

2．準備をしておいてよかったこと

3．実習を通して理解できた子どもの発達・特徴

4．実習中に楽しかったことやうれしかったこと

5．実習中に困ったことや大変だったこと

6．印象に残った保育者の姿

7．保育者からご指導いただいたこと

8．部分実習・責任実習で学んだこと

9．園や保育者から学んだこと

10．実習を振り返っての自己評価

11．次の実習に向けて努力が必要なこと

12．次の実習に向けての備忘録

養成校では，実習の集大成として事後指導を行います。事後指導の方法は養成校によって異なりますが，この「実習11」では一例を示します。

1. 実習先の評価を活かした自己課題

養成校によって違いがありますが，表11-1，11-2のような評価票によって，実習園は実習生の実習評価をしています。おおよその養成校が，態度と知識・技術との観点から構成された項目別評価があり，所見・総合評価があることが多いでしょう。実習園の評価に一喜一憂するのではなく，評価されている点，努力を要する点を明確にし，次の実習へと活かしていくことが重要です。

養成校によって，評価票の公開の有無に違いがありますが，実習園と同様の評価票を用いて自己評価を行い（実施が難しい場合は，表11-1，11-2を参照），実習園の評価と比較をすることで，自分ではできていると思っていたことができていなかったり，自信を持ってもよいのだということがあったりします▶。実習園の評価との相違を知ることで自己課題が生じることもあるでしょう。所見には特に評価に値する内容，今後の課題が具体的に書かれている場合がありますので参考にしましょう。養成校に戻り実施した自己評価もふまえて，さらに自己課題を明確にしていきましょう。

また，表11-1，11-2からわかるように，実習園からの評価は，実習Ⅰ・実習Ⅱと分かれている場合があります。これは，それぞれの実習で求められていることが違うということで，実習Ⅱではより現場に近い保育者としての実習力を求められます。ですから，自己評価も実習Ⅰと実習Ⅱを同じ尺度で考えるのではなく，それぞれの実習の目標に合わせて自己評価をし，次の実習に向けての自己課題を考えていく必要があります。また，幼稚園と保育所，認定こども園，施設の実習はすべての養成校が同じ時期に同じ順番で行われるわけではありません。それぞれの養成校の実習のスケジュールをふまえたうえで，実習ごとに実習力を高め，積み重ねていけるように自己課題を立てていきましょう。

▷ アドバイス

　自己評価からわかった。自分の良い点，努力が必要な点をまとめてみましょう。

表 11−1　保育実習Ⅰ（保育所等）評価票（例）

学 習 施 設 名	施 設 長 名	学習指導担当保育士名
	（印）	（印）

実習生	学年　　クラス	学籍番号		氏名	
実習期間	年　　　月　　　日（　）〜　　　　年　　　月　　　日（　）				
勤務状況	出勤日　　　　　　日	欠勤日数　　　　　　　　　日	遅刻数　　　回	早退数　　　回	

項目	評価の内容	評価上の観点	評価（該当するものの□にチェック）			
			A	B	C	D
態度	意欲・積極性	・指導担当者からの指示を待つばかりでなく，自分から行動している。 ・積極的に子どもと関わろうとしている。　　など	□	□	□	□
	責任感	・十分な時間的余裕を持って勤務開始できるようにしている。 ・報告・連絡・相談を必要に応じて適切に行っている。　　など	□	□	□	□
	探究心	・日々の取り組みの中で，適切な援助の方法を理解しようとしている。 ・日々の取り組みの中で，自己課題を持って実習に臨んでいる。など	□	□	□	□
	協調性	・自分勝手な判断に陥らないように努めている。 ・判断に迷うときには，指導担当者に助言を求めている。　　など	□	□	□	□
知識・技術	保育所などの役割と機能	・保育所などにおける子どもの生活と保育士の援助や関わりについて理解できている。	□	□	□	□
		・保育所保育指針に基づく保育の展開について理解できている。	□	□	□	□
	子どもの理解	・子どもとの関わりを通した観察と記録作成による具体的な子ども理解ができている。	□	□	□	□
		・子どもの発達過程について具体的な理解ができている。	□	□	□	□
		子どもへの積極的な関わりや具体的な援助ができている。	□	□	□	□
	保育内容・保育環境	・保育の計画に基づいた保育内容の実際について理解できている。	□	□	□	□
		・子どもの発達過程に応じた保育内容の実際について理解できている。	□	□	□	□
		・子どもの生活や遊びと実際の保育環境の関連性について理解できている。	□	□	□	□
		・実際の子どもの健康管理や安全対策について理解できている。	□	□	□	□
	保育の計画・観察・記録	・全体的な計画と指導計画および評価の関連について理解できている。	□	□	□	□
		・記録に基づく省察と自己評価ができている。	□	□	□	□
	専門職としての保育士の役割と職業倫理	・専門職としての保育士の業務内容について具体的に理解できている。	□	□	□	□
		・職員間の役割分担や連携・協働について具体的に理解できている。	□	□	□	□
		・専門職としての保育士の役割と職業倫理について具体的に理解できている。	□	□	□	□
総合所見	（できていたこと，今後課題になること）	総合評価 （該当するものに○）	実習生として　　A：非常に優れている 　　　　　　　　　B：優れている 　　　　　　　　　C：適切である 　　　　　　　　　D：努力を要する			
	記入要領 1．評価基準は以下の通りです。 A：実習生として非常に優れている　　B：実習生として優れている　　C：実習生として適切である　　D：実習生として努力を要する 総合所見では，実習を通して学生ができていた点，今後の課題となる点などを記入してください。		※大学側評価欄 実習指導者氏名　　　　　　　　　　　　　（印）			

（出典　全国保育士養成協議会編：保育実習指導のミニマムスタンダード Ver.2，中央法規出版，2018，p.140）

表11−2　保育実習Ⅱ（保育所等）評価票（例）

学 習 施 設 名	施 設 長 名	学習指導担当保育士名
	㊞	㊞

実習生	学年　　クラス	学籍番号		氏名	
実習期間	年　　月　　日（　）〜　　　年　　月　　日（　）				
勤務状況	出勤日　　　　日	欠勤日数　　　　　　　　日	遅刻数　　回	早退数　　回	

項目	評価の内容	評価上の観点	評　価（該当するものの□にチェック）			
			A	B	C	D
態度	意欲・積極性	・指導担当者からの指示を待つばかりでなく，自分から行動している。 ・積極的に子どもと関わろうとしている。　　など	□	□	□	□
	責任感	・十分な時間的余裕を持って勤務開始できるようにしている。 ・報告・連絡・相談を必要に応じて適切に行っている。　　など	□	□	□	□
	探究心	・日々の取り組みの中で，適切な援助の方法を理解しようとしている。 ・日々の取り組みの中で，自己課題を持って実習に臨んでいる。など	□	□	□	□
	協調性	・自分勝手な判断に陥らないように努めている。 ・判断に迷うときには，指導担当者に助言を求めている。　　など	□	□	□	□
知識・技術	保育所などの役割と機能の具体的展開	・養護と教育が一体となって行われる実際の保育について理解できている。	□	□	□	□
		・保育所などの社会的役割と責任について具体的実践を通した理解ができている。	□	□	□	□
	観察に基づく保育の理解	・実際の子どもと関わりを通して子どもの心身の状態や活動に対する観察ができている。	□	□	□	□
		・保育士の援助や関わりに対する観察ができている。	□	□	□	□
		・実際の保育所などの生活の流れや展開について把握できている。	□	□	□	□
	子どもの保育および保護者・家庭への支援と地域社会との連携	・環境を通して行う保育，生活や遊びを通して総合的に行う保育について理解できている。	□	□	□	□
		・保護者支援および地域の子育て家庭への支援の実態について理解できている。	□	□	□	□
		・関係機関との連携の実際について理解できている。	□	□	□	□
		・地域社会との連携の実際について理解できている。	□	□	□	□
	指導計画の作成，実践，観察，記録，評価	・全体的な計画に基づく指導計画の作成・実践・省察・評価と実際の保育の過程の展開について理解できている。	□	□	□	□
		・作成した指導計画に基づく保育実践の評価ができている。	□	□	□	□
	保育士の業務と職業倫理	・多様な保育の展開と保育士の業務内容の関連性について理解できている。	□	□	□	□
		・保育士の職業倫理について具体的な実践に結び付けて理解できている。	□	□	□	□
	自己課題の明確化	・保育士を目指す者としての自己の課題を明確にすることができている。	□	□	□	□
総合所見	（できていたこと，今後課題になること）	総合評価（該当するものに○）	実習生として　A：非常に優れている 　　　　　　　　B：優れている 　　　　　　　　C：適切である 　　　　　　　　D：努力を要する			

記入要領
1．評価基準は以下の通りです。
A：実習生として非常に優れている　　B：実習生として優れている　　C：実習生として適切である　　D：実習生として努力を要する
総合所見では，実習を通して学生ができていた点，今後の課題となる点などを記入してください。

※大学側評価欄

実習指導者氏名　　　　　　　　　　㊞

（出典　全国保育士養成協議会編：保育実習指導のミニマムスタンダード Ver.2，中央法規出版，2018，p.141）

2. 自己評価に基づいて養成校指導者から指導を受ける

実習中に，養成校の先生が巡回指導に来てくださり，不安なことを聞いていただいたり，日誌の書き方や指導案の書き方を指導していただいたりして，安心したことでしょう。実習後，養成校に戻ったら，巡回指導に来てくださった先生に，ご挨拶に行きましょう。その際，巡回指導のお礼をし，事後指導のお願いをします。

巡回指導教員との個別の事後指導の際は，実習日誌を持参します。巡回指導教員との事後指導は，実習日誌，事後指導の資料，実習園からの評価票をもとに行われることが多いでしょう◀。

◢アドバイス
個別の事後指導の際は，事前に話したいことや聞きたいことなどをまとめておくとよりよいでしょう。

巡回教員は，巡回時に実習生の様子を見たり，実習園の先生から実習中の様子を話していただき，よい点や努力が必要な点を教えていただいたりしています。実習園からの評価票の結果もふまえて，学生に実習中の評価を伝えます。養成校の指導者からの助言を活かして，再度，実習生自身の自己評価と比較し，どのような点が高く評価されているのか，努力や改善が必要な点は何かを明確にし，次の実習に向けての課題，目標を立てましょう。前の項で述べたように，実習園の評価と自己評価との間にプラスの違いがあった場合は自信を持つこと，マイナスに違いがあった場合は，真摯に受け止め原因を考えて，課題としていくことが必要でしょう。

また，実習生として日誌をどのように書けばよかったのか，指導案の書き方はこれでよかったのか，保育者との関係性をどのように築けばよかったのか，保育者として働く自信がなくなってしまったなど，全体の事後指導では言いづらかったこともあるでしょう。個別の事後指導は，養成校の先生と一対一で話すことのできる貴重な機会です。不安に思っていることを話し，指導者と一緒に解決策を見いだし，次の実習や就職までには解決している状態にしましょう◀。

◢アドバイス
巡回指導員から指導していただいた内容をまとめ，自己評価も含め次に向けての課題を明確にしておきましょう。

目標や課題として，子ども理解に関すること，発達過程の理解はもちろん，保育技術や知識に関するものがあがることでしょう。これらに関しては養成校での学びを大切に，さらに自己研鑽をしていくことが大切です。中には，実習に臨む態度や姿勢について反省をしなければならない人もいるでしょう。なかには緊張のせいか，表情に乏しかったり，挨拶ができなかったり，言葉遣いが適切ではない実習生がいます。子ども

たちは，明るい笑顔が大好きですし，迎え入れてくれる保育者も気持ちがいいでしょう。これらは，すぐに改善されるものではありません。まずは，日ごろの生活の中で意識をし，気心の知れた仲間との生活の中でできるようになれば，実習中にも変化がみられることでしょう。さらには，生活習慣を見直し，体調管理に努める・身の回りのことを自身でやってみる・約束や時間を守る・立ち居振る舞い・積極性・謙虚さなど，保育者としてということだけでなく，社会人としてという点からも，課題がないかを確認してみましょう。

3. 実習成果の発表会など

　ここでは，一定期間の実習が，より深い学びとなるように，養成校において，学生同士で，実習への取り組み・反省・課題を共有していく取り組みを取り上げます。

（1）発　表　会

　事前指導，実習，事後指導を通して得た学びを，実習生同士で共有したり，振り返ったり，学びを深めたり▶，さらには，後輩に実習とはどのようなことかを伝えていく場として，発表会を設ける養成校が多いでしょう。他の実習との合同の実習発表会，卒論発表とともに学年末にそれぞれの学年での学びを振り返りながら実習についても発表するようなかたちなど，養成校によって場の持ち方はさまざまです。繰り返しになりますが，実習発表会を開く目的は，ほかの実習生の話を聞き，自分との共通点や相違点を知り学びを深めることと，後輩が不安を少しでも解消して実習に臨めるようにする意味もあります。互いに実習力を高められるよい機会としましょう。

　発表会の内容としては，①実習園の概要，②部分実習や責任実習などの実習内容，③実習で印象に残ったこと，④自分でよくできたなと思うこと，⑤今後の課題，⑥後輩に伝えたいことなどを，聞いてくれる人にとってわかりやすい

> **アドバイス**
> 　発表会の立案から実習生同士で行うと，より学びが深まるでしょう。

表11－3　実習報告書

学籍番号　　　　　　　　　　　　　氏名

〈実習園について〉

実習施設名	学習種別
所在地	学習種別
実習先までの交通経路 　実習先の最寄り駅	
職員構成	園児構成
実習期間	

〈オリエンテーションについて〉　　　　　　　　実施日：

オリエンテーション時の服装・持ち物など	
実習先より受けた指示・指導・注意	実習中の出勤時間
	通勤時の服装
	実習時の服装
	昼食（給食・お弁当持参）
	実習中の持ち物

〈実習前に行ったこと〉

実習目標
実習までに準備しておいたもの・こと

〈実習園の保育について〉

一日の流れ	実習先の特色（保育形態など）

〈実習中〉

実習内容

日付	クラス	実習内容

部分・責任実習の内容
子どもの姿から学んだこと
保育者から学んだこと
園環境・保育環境から学んだこと

〈実習後〉

反省点
自己課題となったこと
今後，勉強しようと思っていること
後輩に向けて

よう，コンパクトにまとめて発表できるように準備しましょう。養成校によっては，指導案を基に模擬部分実習をしたり，違う学年同士で一つのテーブルを囲み，日誌を見せ合ったり，実習での出来事を話し合ったり，後輩からの質問に答えたりという会を開いたりすることもあるでしょう。いずれにせよ，事前に準備を万全にし，実習生，後輩にとって実りのある会にしましょう。

大変だったことのほうが多かったという人もいるでしょうが，保育者だからこそ感じることのできる楽しかったことやうれしかったことがあったことでしょう。そのような喜びを伝え合うことのできる会でもあってほしいと願います。

（2）報　告　書

実習が長期休暇中であったり，授業の関係上報告会を開くことが難しかったりする場合もあるでしょう。そのような場合は，実習報告書（表11-3参照）を残し，今後の資料として養成校に保管します。実際に実習生同士や後輩と実習の内容を共有したり，話し合ったりということは難しいですが，次回以降実習に行く後輩にとっては，とても貴重な資料となります。自分自身の実習の総まとめとして，そして，後輩が報告書を読むことで不安が少しでも解消され，期待を持って実習に向かうことができるような報告書となるよう工夫しましょう。

参考文献

・久富陽子編著：学びつづける保育者をめざす実習の本，萌文書林，2014.
・全国保育士養成協議会編：保育実習指導のミニマムスタンダード Ver.2，中央法規出版，2018.
・石橋裕子・林幸範編著：新訂 幼稚園・保育所・児童福祉施設等実習ガイド，同文書院，2014.
・松本峰雄監修：流れがわかる幼稚園・保育所実習，萌文書林，2015.
・百瀬ユカリ：よくわかる幼稚園，創成社，2010.
・二階堂邦子編著：教育・保育・施設実習テキスト〔第4版〕：建帛社，2019.
・高橋かほる監修：幼稚園・保育園実習まるわかりガイド，ナツメ社，2009.
・東京家政大学「教育・保育実習のデザイン」研究会編：教育・保育実習のデザイン，萌文書林，2010.

実習

12 実習後の実習先との関わり

1. 実習のお礼状

（1）お礼状を出す時期と形式

　1回の実習が終了した後に，実習園へお礼状を送付することは，実習生の礼儀です。最終的に実習日誌を園へ提出し，受け取るまでが一連の実習ですので，その後2週間以内に送付するのが一般的です。実習日誌の最後に園長先生や担当保育者が今後のアドバイスを書いてくださることもあります。日誌全体を読み返し，実習での学びを改めて思い出しながら，今後の自己課題も含めて感謝の意を伝えましょう▶。

　お礼状は，はがきではなく封書で郵送します。正式な礼状ですので，白地で二重の長封筒を使用します。また，便箋は縦書きの罫線が入った無地のものを使用します。色つきの封筒や，図柄やキャラクターが入った便箋は使わないように注意してください。封筒に便箋を入れるときには，三つ折りにして，しっかりと封を締めます。切手は必要な金額を確かめてから貼るようにしましょう。くれぐれも金額不足で迷惑をかけないようにしてください。

（2）お礼状の書き方と内容

　お礼状を書くときには，万年筆やボールペンなどの消えない筆記用具を使います。また，パソコンなどで作成するよりも，手書きのほうが感謝の気持ちが伝わります。楷書で丁寧に書くよう心掛けてください。下書きをしてから清書すると，誤字・脱字を防ぐことができます。

　一般的なお礼状の内容は以下のとおりです▶。

①　季語を含む時候の挨拶，安否の挨拶，実習のお礼の言葉

　前文は，頭語に続き時候の挨拶と安否の挨拶，そして実習のお礼を短く述べます。

②　実習中の体験や学び，保育者から学んだこと

　実習後，振り返ったときに改めて思い出される"子どもとの関わり"

> ▷ アドバイス
>
> 複数の実習生が同じ実習園で実習を行った場合でも，お礼状は一人ひとりが書いて郵送します。

> ▷ アドバイス
>
> 便箋の形式にもよりますが，枚数は2枚ほどになります。

141

や"印象深い保育者の言葉"など，学んだことを述べましょう。

③　今後の抱負

　再度同じ実習園に実習に行く場合は，自己課題をふまえ，次の実習に意欲的に取り組む姿勢を示しましょう。最後の実習の場合は，実習の経験を今後の就職活動等に活かしていく心意気を表しましょう。

④　実習園の保育者や子どもへの健康を願う結びの挨拶

　文末は，健康を願う結びの挨拶に続き，結語で終わります。頭語と結語は対になる語を使います。最後に後付けとして，日付，署名，宛名を入れます。

> ✎ アドバイス
> 　頭語が「拝啓」の場合は，結語が「敬具」となります。

　拝啓（頭語）
　少しずつ暖かい日が増えてきました。（時候の挨拶）園長先生はじめ諸先生方におかれましては，お変わりなくお過ごしのことと存じます。（安否の挨拶）
　この度の実習では，大変お世話になりありがとうございました。心からお礼申し上げます。・・・・（実習のお礼）・・・・・
　初めての保育所実習であったため，初めはとても緊張をしておりましたが，先生方のご指導と子どもたちの笑顔に支えられ，次第に楽しく実習をすることができました。先生方の・・・・・（実習中の体験や学び）・・・・
　また，今度の八月には二回目の実習をさせていただくことになっております。今回の実習の反省をふまえ，実習に望みたいと思っております。・・・・・（今後の抱負）・・・・
　今後ともご指導のほど，よろしくお願い申し上げます。
　季節の変わり目ですが，どうぞご自愛くださいませ。（結びの挨拶）

　　　　　敬具（結語）

　　○○○○年　三月　一日

　　　　　　　　　　　　　○○○○○○（学校名）
　　　　　　　　　　　　　○○○○学科　○年
　　　　　　　　　　　　　○○○○（名前）

　○○保育園
　　園長　○○　○○先生
　　　　　ならびに諸先生方

図12-1　お礼状の例文

表書き

裏書き

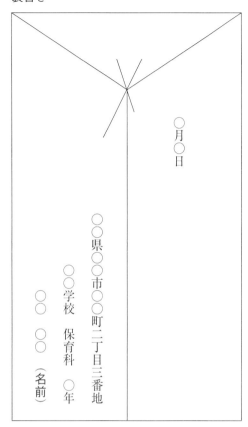

表書き：
〒○○○－○○○○
○○県○○市○○町一丁目一番地
○○保育園
園長　○○　○○　先生

裏書き：
○月○日
○○県○○市○○町二丁目三番地
○○学校　保育科　○年
○○　○○（名前）

図 12 - 2　封筒の書き方例

2. 実習日誌の提出

（1）実習日誌のまとめ

本書の「実習08」でも触れているように，多くの実習先では，実習の後半や最終日などに，園長先生や担当保育者を交えて実習全体の反省会が行われます。反省会では，貴重なアドバイスをいただくことができるため，日誌にまとめておくとよいでしょう▶。また，反省会の記録に加えて，そのとき自分が感じたことや考えたことを一言書き添えておくと，今後の自己課題を明確にするうえで参考になります。

（2）実習日誌の提出と受け取りの留意点

日誌の最終的な提出の日時は，実習最終日に担当保育者に確認する必

> ✂ アドバイス
>
> 実習園の都合でまとまった反省会が行われなかった場合でも，日々保育者からご指摘いただいたことを，自分なりにまとめておきましょう。

要があります。最終的な実習日誌の提出も実習のうちですので，提出日時は必ず守りましょう。実習が終わって2～3日後までの提出が常識です。「できたら提出に来てください」と指示された場合でも，遅くとも1週間内には提出しましょう。また，受け取りの日時の確認も必要です。提出や受け取りのときには，スーツスタイルで園へうかがうのが基本です。園から指示がある場合は，それに従います◀。

アドバイス
郵送などでの提出・返却を指示された場合には，郵便事故も想定し，レターパックなど記録の残る手段で郵送します。

最終的な実習日誌の提出の際，記入漏れがないかを再度確認します。「実習オリエンテーションの記録」「実習園の概要」「実習予定」「環境構成」「毎日の記録で書き直しを指示された部分」「反省会のまとめ」「実習全体のまとめ」など，丁寧に見直すことで実習の振り返りにもなります。また，実習中の指導案やプリント類，子どもたちからプレゼントされた作品や写真なども一緒に綴じておくと，事後の振り返りがしやすくなります◀。

アドバイス
実習後の振り返りについては，「実習10」で詳しく述べています。

なお，一枚ずつ綴っていくタイプの場合は，ページが順番にそろえられているか，欠けているページはないかも確認しておく必要があります。不備があると再提出になる可能性があります。最後に実習日誌を受け取るまで，責任感を持って取り組みましょう。

受け取った実習日誌には，園長先生や担当保育者がコメントを書き加えてくださっていることが多くみられます。振り返って，自己課題を明確化するときの参考になるでしょう。また，養成校への提出の日時も確認しておきます。実習日誌は，就職してからも貴重な宝物になりますので，紛失しないよう大切に保管しておいてください。

3. 実習後のボランティア

（1）実習園でのボランティア

実習の終了後，園の行事（夏季保育，お泊り保育，遠足，文化祭，卒園式など）に，ボランティア，あるいはアルバイトとしてお誘いをいただくこともあります。実習ではないものの，貴重な学びの機会になります。実習園とよい関係を保つためにも，養成校の授業に支障のない範囲で積極的に参加したいものです。また，実習生自ら，行事などの際には参加したいことを園へ伝えておくと，実習園としても依頼しやすいはずです。前述のお礼状や季節のたより（暑中お見舞いや年賀状など）に書き添えてもよいでしょう。

実習生がボランティアで保育に参加するときには，留意すべき点があります。元来，ボランティア活動とは，自発的で無償の活動を意味します▶。そのため，「誘われたので行く」，「学校の単位になるから行く」といった受身的な姿勢は，本来のボランティア活動とはいえません。「なぜボランティアをしたいのか」，「自分は何ができるのか」について，自分で自問自答する必要があります。

以下は，実習園でボランティアやアルバイトをする場合の留意点です。

① 実習園の保育者や職員と親しくなっても，学生の立場をわきまえた言動・行動を心掛ける。

② 守秘義務を忘れない。特に，SNS などを利用する中で，子どもや保育者の個人情報を漏らさないよう十分に注意する。

③ 参加することを養成校の実習担当教員に伝えておく。

④ ボランティアやアルバイトと実習とは，目的が違うことを念頭に置く。実習や授業で学んだことを活かしながら，自分のできることは何かを考えて活動する。

⑤ 保育者としての倫理観と責任を持って活動する▶。

（2）実習園以外でのボランティア

実習後に，実習園以外でボランティアやアルバイトをする場合も，留意点は前の項目で述べたことと同じです。実習園以外での保育は，さまざまな特色の保育を知るうえで貴重な機会となります。インターンシップといった就職を視野に入れた活動にもなるでしょう。いずれにしても，実習で見いだした自己課題を持って，自発的に活動をすることが大切です。多くの保育実践を通して，豊かな人間性を育むとともに，自分の保育観を形成していくことが大切です。

実習では実習の評価に捉われ過ぎてしまい，うまく動けない場合もあるかもしれません。そのような意味で，ボランティアでは気負うものがなく，自然と子どもたちと関わることができる面もあります。子どもや保育者，自分自身について新たな発見も多くあるはずです。積極的にさまざまな立場で子どもたちと関わり，保育者の仕事を経験しながら保育職について学びを深めていきましょう。

参考文献
・全国保育士養成協議会編：保育実習指導のミニマムスタンダード Ver.2，中央法規出版，2018.
・松本峰雄編：教育・保育・施設実習の手引，建帛社，2013.

チェック！

ボランティア活動の基本理念は，自発性（自由意思），無償（無給）性，公共（公益）性，先駆（開発，発展）性にあるとする考え方が一般的です（生涯学習審議会答申「今後の社会の動向に対応した生涯学習の振興方策について」1992（平成4）年7月）。

チェック！

『全国保育士会倫理綱領』（2003（平成15）年2月策定）には，保育士の倫理的な行動指針が示されており，参考になります（実習 02，p.31 参照）。

1. 職業としての保育者を意識する

（1）自分の保育観を明確にする

あなたは，なぜ幼稚園教諭免許状や保育士資格を取得しようとしているのでしょうか。就職試験では，必ず志望動機とともに「どのような保育者になりたいか」,「どのような保育をしたいか」ということが問われます。実習での経験や学びをふまえて，まずは自分の保育観を確かめてみましょう。あるいは，保育者養成校に入学するに至った動機を思い出し，初心に戻って考えてみることも有効かもしれません。その際には，今まで学習したテキストや保育関係の書籍を読み，実習で経験したことを保育の理論に照らし合わせ，深い学びへつなげていくことが重要です。それが，実習（実践）と授業（理論）の往還性ということです。

自分の保育観を明確にするということは，自己理解を深め，自己課題を見いだす作業にもなります。「こうありたいけれど，できる自信がない」という思いを感じることもあるかもしれませんが，保育者は仕事を通して「保育者になっていく」のです。就職時がゴールではなく，スタートだと考え，自己課題をしっかりと見つめることから始めましょう。

保育職にはさまざまなキャリアアップの制度があります。幼稚園教諭免許状は，10年ごとの教員免許更新講習◀があります。保育士も，キャリアアップ研修◀の制度が整えられてきました。その他の研修の機会も多く用意されています。「どのようなキャリアを積みたいか」,「どのような働き方をしたいか」という点も，就職活動のポイントになります。

同時に，免許・資格を活かした就職先には，どのようなところがあるのか改めて確認し，自分の保育観に合った実践ができる就職先を考えていきます（表13−1）。また，自分の得意なことや特技があれば，それを活かせるかどうか，という点もポイントとなるでしょう◀。そのうえで，自宅からの距離や園の保育方針などを勘案して希望する園の候補を挙げていきます。候補を挙げたら，実際に見学をさせていただき，職場

✎解説

教員免許更新講習

現在取得する教員免許状には，所要資格を得てから10年後の年度末までの有効期間が付きます。有効期間の2か月前までの2年間で30時間の「教員免許更新講習」を受講・修了し，免許管理者に申請することが必要です。更新講習は大学などの機関で実施されています。教員として必要な最新の知識や技能を身に付ける機会となります。

✎解説

保育士等キャリアアップ研修

保育士不足を背景に，保育士らの処遇改善が進められており，その一環として2017（平成29）年度より「保育士等キャリアアップ研修」が制度化されました。技能や経験に応じたキャリア構築の仕組みを整備し，給与体系に反映させていく制度です。各自治体によって，8分野に分かれたキャリアアップ研修が実施されています。

✎アドバイス

例えば，ピアノや絵画が上手，手先が器用で製作が上手など。

の雰囲気を確かめることが大切です。

　一連の就職活動を進めていくうえで，悩んだり迷ったりすることも多いと思います。親や親戚，学校の友人や先輩，そして学校の就職担当の教員などに適宜相談をしながら進めましょう。

表13－1　幼稚園教諭免許・保育士資格を活用した就職先

●幼稚園教諭免許を使った就職先
　・幼稚園（公立，私立）
　・認定こども園
●保育士資格を使った就職先
　・認可保育施設（保育所，地域型保育〔家庭的保育，小規模保育，事業所内保育など〕）
　・認可外保育施設（認証保育所，企業主導型保育など）
　・認定こども園
　・保育施設以外の児童福祉施設など（乳児院，児童養護施設，障害児入所施設，児童発達支援センター，障害者支援施設，児童厚生施設〔児童館，学童保育など〕など）

（2）実習と就職活動

　実習園に就職したい場合は，実習の最終日や終わった後に求人の有無を園長先生や担当者に尋ねるのが基本です。求人の有無にかかわらず，履歴書を預かっていただいてもよいですが，自分から求人を尋ねた場合は，基本的に途中でお断りするような事態にならないよう，慎重に考えて行動しなければなりません。

　また，実習園から就職の声を掛けていただくこともあります。その際も，自分でよく考え，養成校の教員などと相談しながら方向性を決めていくことをお勧めします。声を掛けていただいたけれどもお断りする場合は，丁重にお断りし，その後も丁寧な関わりを持つようにしましょう。

　以下は，就職活動を始める際に学生からよく聞かれる悩みです。

Q1　実習での評価があまりよくありませんでした。子どもとの関わりに自信が持てない状態で就職活動を進めてよいのかわかりません。

A1　就職後，多くの子どもと関わっていく中で，実習以上にさまざまな経験をすることと思います。楽しいこともあれば，つらいこともあるでしょう。大切なことは，日々の保育実践を

解説

「反省的実践家」とは，ドナルド・ショーンが示した「行為の中の省察」を中心とした専門家像を示す概念です。

振り返り，自己省察を続け，経験を積んでいくことです。そのため，保育者などの対人援助職は「反省的実践家」とも言われています。ただし，就職前に子どもたちとの関わりに自信が持てない状態は，積極的に就職活動を進めることが難しいことも確かです。なぜ自信が持てなくなってしまったのかを自己分析し，ボランティアなどでもう一度子どもと関わる経験をしてみるとよいでしょう。なぜ自信が持てなくなったのか，その原因を探ることが大切です。

Q2　実習では子どもたちと楽しく関わることができましたが，実際に就職をして子どもの命を預かるという責任の重い仕事が自分にできるのか不安です。

A2　子どもの命を預かることは，確かに責任の重い仕事であり，その自覚を持つ必要があります。ただ，保育は一人で抱え込む仕事ではありません。子どもと関わる以外にも，保護者や地域との関わり，書類作成など，実習で経験した以外の仕事も多くあります。園全体，そして家庭や地域全体で子どもたちの命を支えているのです。就職活動をする際に，園が「どのような保育方針を大切にしているか」，「家庭や地域と，どうつながりを持っているか」という視点を持つことで，子どもの命がどのように支えられているのか見えてくるでしょう。

Q3　実習で保育者同士の関係が良好ではない場面を見てしまいました。保育者同士の関係がよい園に就職したいのですが，園見学だけではわからないと思うので不安です。

A3　働き始めると，少なからず思い描いていた仕事内容との違いを感じたり，同僚同士の人間関係に悩んだりすることもあります。就職したときに，そのようなギャップを感じることを「リアリティショック」とも言います。大切なことは，社会人

解説

「リアリティショック」とは，自分の理想と職場の現実との間にズレを感じて，悩むことを指します。

としてのマナーを守るということです。例えば，相手の目を見て挨拶をすること，身だしなみを整えること，適切な言葉遣いをすること，仕事の報告・連絡・相談を怠らないこと，仕事中にプライベートの連絡をしたりしないこと，などです。また，時間を見つけて好きな本を読んだりするなど，自分の趣味を充実させることは，ストレス発散だけでなく，自分の感性を豊かにすることにもつながります。

Q4　保育職の給料が一般的に低いと言われており，実習先の保育者もそのことで悩んでいました。自分は保育職に魅力を感じていますが，高給の仕事を探したほうがよいのでしょうか。

A4　小・中学生に対する「将来なりたい職業」のさまざまな調査では，保育者がランキングの上位によく入っています。それだけ魅力的で，子どもに影響を与える職業と考えられているのでしょう。現在は，キャリアアップのための研修制度や処遇改善も進んでいます。仕事のやりがいを優先するか，収入を優先するか，自分のキャリアを見通しながら考えてください。

2. さまざまな就職先とプロセス

（1）公立幼稚園・公立保育所など

　各自治体の実施する採用試験（公務員試験）を受験します。合格者はその自治体の設置する園や施設に配属されることになります。試験日が重ならなければ，複数の自治体を受験することも可能です。

　公立を受験したい場合は，早めに各自治体の採用予定（募集の有無，募集人数，試験日時，年齢制限，採用実績，各自治体の特色など）を確認します▶。一次試験は筆記試験が多いので，採用試験対策の問題集などで早めに勉強を始めておくことが必要です。二次試験以降は，実技試験や小論文，面接などが多いので，各自治体に合わせて受験対策をします。各種模擬試験もありますので，自分の養成校で実施されているかどうか確認しましょう。

> ✂ チェック！
> 毎年5〜6月には募集要項ができています。

　公立は，自治体によっては募集自体を行わなかったり，採用人数が少なかったりします。また，不合格の場合でも，非常勤職員で勤めながら，次年度に再度採用試験にチャレンジできる場合もあります。自分のライフプランを考えながら進めていくことが大切です。

（2）私立幼稚園・私立保育所など

　就職を希望する園（法人・企業）が実施する採用試験を受験します。私立を受験し合格した場合，基本的に内定を辞退することは失礼にあたります。事前の情報収集やスケジュールを十分に確認しながら就職活動を進める必要があります。養成校の実習スケジュールによっても，本格的に就職活動を展開する時期は異なってきます。養成校での就職活動の流れも確認しておきましょう。

　就職情報の収集方法としては，以下の方法が挙げられます。

　① 養成校に届いている求人票に目を通す

　活動をする際に，一番多く取られている方法です。養成校とつながりのある園からの求人も多いため，安心して情報収集をすることができます。求人票の見方についても知っておきたいものです。

　② 卒業生などから話を聞く

　就職を希望する園に卒業生が就職をしている場合には，実際に話を聞いてみましょう。園の雰囲気や勤務形態など，実際に仕事をしている立場から率直な話を聞くことができ，参考になります。

　③ Web に掲載されている情報を参考にする

　最近は，各園の Web ページに直接募集情報を掲載している場合も多くあります。募集情報だけではなく，園の保育方針や一日の流れ，行事のことなどが掲載されているので，就職を希望する園の Web ページを確認しておきましょう。その他，各種団体が就職情報をまとめて掲載している Web ページもあります。

　④ 就職活動フェアへ参加する

　各自治体や各種団体が，就職活動フェアを開催することも多くなりました。自治体によって給与補助や研修制度はさまざまですので，確認をしてみましょう。また，各自治体や各種団体が発行しているリーフレットもあります。養成校の就職活動情報コーナーなどで入手しましょう。

　⑤ 人材派遣会社に登録する

　保育者不足のため，各園が募集を派遣業者に依頼することも多くなりました。ただし，自分の希望と就職後の状況が異なってしまうなど，ミスマッチが生じることもあるようです。希望と合っているかを自分できちんと確認し，地域をよく知っている方々や情報を多く持っている養成校の教員に相談をしながら進めましょう。

　私立は，学校法人，社会福祉法人のほか，企業や NPO（特定非営利

活動法人）などが運営する場合，また公設民営の場合もあります。募集要項では，園・施設の沿革や経営母体の規模も確認します。その他，勤務体制や福利厚生，基本給与，研修体制などもおさえておきたいポイントです。そして，見学に行った際には，園・施設の雰囲気を知ることもできるでしょう。「ここで働いてみたい」という自分の感覚も大切にしたいものです。

（3）就職試験の対策

　就職試験を受ける際，事前にさまざまな書類の提出が必要になります。応募要項をよく読み，必要書類と提出時期をしっかり確認することが重要です。履歴書や養成校からの推薦書，健康診断書などを求められることがよくあります。

　また，試験の内容も確認し，準備をしておきましょう。面接試験，一般教養や小論文の試験，ピアノの実技試験などがあります。面接試験での質問は「なぜ，この園を受けたのか」（志望動機），「自分の長所と短所」，「なぜ，保育者になりたいのか」，「学生時代にがんばったこと」などが多いようです。事前に自分の考えをまとめておくことが大切です。

　試験の結果，内定を受けた場合は，お礼の電話やお礼状を送付し，その後の研修などの日程を確認します。また，不合格になってしまった場合でも，縁がなかったと考えて，自分の希望をしっかり持ちながら気持ちを切り替えていくことが大切です。就職試験は，その時々の園の採用状況による部分が多く，不合格になったからといって保育者に向いていないと判断されたわけではありません。自信を持って次に進みましょう。

参考文献
・榎田二三子ほか編著：シードブック 三訂 保育者論，建帛社，2019.
・ドナルド・ショーン，佐藤学・秋田喜代美訳：専門家の知恵—反省的実践家は行為しながら考える—，ゆみる出版，2001.
・松本峰雄編：教育・保育・施設実習の手引，建帛社，2013.
・谷田貝公昭編：これだけは身につけたい　新・保育者の常識67，一藝社，2015.

実習の総合的な振り返り

1. 実習を総合的に振り返る視点

（1）振り返るということの意義

保育における PDCA（計画・実践・評価・改善）◀の意義については，養成校における授業を通し十分に理解していることでしょう。実習は目標やねらい，課題などを持って行われる学びの場です。したがってそれぞれが設定したねらいに沿って振り返りをする必要があります。振り返りを行う際は PDCA サイクルを参考にするとわかりやすいでしょう。

振り返ることの意義は，一つには実践したことを客観的に捉えることにあります。実習中うまくできたこと，不足していると感じたことなど多くの経験をすることでしょう。絵本の読み聞かせが上手，とほめられてうれしいと思ったことは，さらに練習を重ね，自分の強みにしていく取り組みをしていくとよいでしょう。不足していると感じたことは，さらに学びを重ねるための計画を立てる必要があります◀。2点目の意義は改善していくことにあります。「卒業後は○○施設で働きたいと思っていたけれど，今の自分の知識や技能ではとても無理だと思いました」と報告にきた学生がいました。振り返ることは，目標に向かって新たに歩み始めるきっかけにもります。実習終了後の学校生活において，学び直しや新たな知識を修得する意欲につながります。

1）記録による振り返り

実習終了後，実習生が行う振り返りは実習日誌を通して行われます◀。実習日誌の末尾には，「総合所見」，「実習を終えて」などのページがあると思います。実習中の学びを感想やエピソードなどを含め整理します。

実習課題を設定した場合は，課題を通してどのような学びが得られたのか，学びを通し何がわかったのかなどを整理し考察を加えます。

その他，実習報告書や振り返りシートを活用することも有効です。

2）実習評価面談による振り返り

本書の「実習11」で触れていますが，実習終了後，実習園から実習評価が送付されてきます。実習園に依頼した評価票と同じ書式による自己評価を学生も実施します。面談は，園評価，自己評価，実習日誌を加え実施します。自己評価と園評価に差異がある場合はその理由を考えます。また，所見欄に記入されているコメントについて確認します。

3）学びの共有化

実習中，学生は一人ひとり異なる体験や学びをしてきます。それぞれの体験を共有できるよう実習報告や情報交換を行います。いくつかの項目に基づいてまとめたものを用意し意見交換をすると，充実した話し合いになります。体験を聞くことで，自分自身の体験したことの意味が理解できたり，新たな自己課題に気付かされたりすることもよくあります。実習報告会や情報交換会などを行った後は，学んだことや気付かされたことを文章として残しておくとよいでしょう。

次に，話し合いの一例を挙げておきます。自分自身の学びを整理し，グループで話し合ったこと，気付かされたことをまとめておくと，その後の学習に活かされます。

<振り返りのポイント>
① 保育者から学んだこと，気付かされたこと
② 子どもとの関わりで学んだこと，気付かされたこと
③ 子どもとの関わりでうれしかったこと，大変だったこと
④ 実習を通し不足していると思った知識や技能
⑤ 卒業までに学び，身に付けなければならないと思ったこと
⑥ 実習を通し気が付いた自分自身の長所
⑦ 保育者について感じたこと

---

2. 「実習力」を振り返り「保育力」へ

（1）保育者からの学び

保育者の子どもへの関わり方を観察し，また保育者の助手的な立場をとりながら，実習生の皆さんは多くの学びを得ることでしょう。実際に目の前で展開される保育の営みから得られる学びは，保育の進め方，言

葉掛け，環境整備や環境構成のあり方，保育者としての生き方など，実に多様です。例えば実習生の記録から，次のような声があります。

> 保育者として，常に子どものことを考え，保育室の環境構成や説明の仕方，言葉掛け，立ち位置，子どもの話の聞き方など改めて学ぶことができました。反省会のときには，同じ年齢の子どもの担任をしても全く同じクラスにはならないため，課題は尽きないとも仰っていました。だから，自分自身を磨き，新たな知識を得るため努力することができるという言葉をくださりました。自分自身も，まだまだ学ぶべきことがたくさんあることに気付かされました。

また，次のような学びもあります。

> 実習が始まる直前まで気持ちの切り替えができないまま，実習に入りました。それが実習態度に表れてしまい，先生から意欲が足りないと注意されました。その甘えた性格に気付かせてくださり，丁寧にご指導くださった先生に，申し訳ない気持ちと，感謝の気持ちでいっぱいです。

保育者からは保育方法や保育技術などのほか，自分自身の生き方に気付かされることもあります。これから実習される学生の皆さんは，多くの保育者に出合うことでしょう。保育者としてというより，一人の人間として，生き方を学ぶよい機会となるでしょう。

（2）子どもからの学び

子どもと生活を共にすることで，養成校では学ぶことのできない，今を生きる子どもの姿に接することができます。座学では学べない発達の姿，言語能力やコミュニケーションの取り方，表現力など多方面からの学びを得ることでしょう。例えば次の記録を見てみましょう。

> 給食でAちゃんが嫌いな野菜が出ました。私は「一口だけ食べてみよう」と声を掛けました。Aちゃんはほんの少しだけお箸に取り食べようとしました。その後の他の子どもたちの反応から，一口とは1回の口の中に入る量であったり，スプーン一杯だったり，それぞれ異なることがわかりました。このことから，曖昧な表現は子どもを混乱させてしまうかもしれないということに気付かされました。

園生活の何気ない一コマからも思考の発達の一面が見えてきます。

（3）自分自身に対する学び

　子どもたちとともに過ごすことで自分自身のよさに気付かされることはなかったでしょうか。実習生からは次のような声が聞かれます。

　「人見知りが激しい子ども，友だちと関わることが苦手な子どもとも関わることができた。担任の先生から，"その子に合った環境づくりができるのがあなたの長所"と言ってくださった。ちょっぴり手のかかる子どもとの関わりから，気付かされた私のよさ」

　「特別な支援を必要とする子どもの対応について勉強不足だと実感した。気になる子どもがいたらインターネットで調べ，保育者から助言を受けながら対応した。保育のプロとして意識に欠けていると感じ，くやしかった。このような感情を持ったのは初めてだった」

　「普段は掃除をしないのに，子どものためだと思うと一生懸命掃除ができた」

　実習中，子どもと生活を共にすることで，普段は気が付かない自分のよさを発見することもよくあることです。

　子どもと関わることで，今まで見えてこなかった自分の長所を発見できるのも，実習ならではのことです。子どもたちがあなたの長所を引き出してくれるでしょう。それは実習生の持つ子どもへの愛情の証でもあります。

（4）実習力から保育力へ

　実習を終えて養成校に戻ってきた多くの学生の表情からは，厳しさを乗り越えた自信と，子どもとよりよい関係を築けたという充実感が読み取れます。これこそが，「保育の場」という学びを通して得た「実習力」です。

　実習後の学びは，「実習力」を「保育力」へと高めるためのステップアップとして必要となります。保育者の仕事に触れ，保育の営みの意味について学んだ学生は，それをさらに深めていくことの必要性に気付くことでしょう▶。以下，実習事後指導での話し合いの視点，学生から出た意見や提案などについて紹介します。

アドバイス

実習力から保育力へ

　「感情労働」という言葉を聞いたことがありますか。保育の仕事は保育者の感情によって左右される仕事ではありません。気持ちのコントロールが必要な仕事です。常に一定の感情の下で子どもに向き合うことについて考えてください。

【子どもと直接関わる仕事とは】
　子どもに正しい言葉を教える，子どもの世界を共有する，個に合わせた援助，友だちとの関係づくり，成長・発達に合わせた保育や関わり，信頼関係を築く，子どもと一緒に遊びを楽しむ　など

【子どもと間接的に関わる仕事とは】

　モデルとしての保育者の影響，指導計画や保育内容の作成，環境整備，遊びの環境構成や教材準備，安全への配慮，保護者対応，保育の記録，子どもの成長を支援するという自覚，子どもにとって有害なものを排除する　など

【保育者に必要とされる専門的知識とは】

　月齢・年齢に応じた保育内容や発達過程を理解，感染症や病気に対する知識や対応方法，アレルギーの知識や対応方法，気になる子ども理解や支援機関に対する知識，子どもや保護者とのコミュニケーションのあり方，専門書を読む　など

【保育者に必要とされる専門的技能とは】

　子どもが活動に入りやすくなるような言葉掛け，運動・造形・音楽などの技能，絵本を読むことや表現力，スムーズな保育の展開技術，創造力・想像力，子どもの発達や個人差に合わせた関わり方や工夫の仕方，子どもの興味を捉えた保育の展開方法　など

【チームワークの必要性】

　一人ひとりの子どもを園全体で育てるという姿勢，一人で抱え込まないこと，子どもの様子を共有すること，子どもの問題や関わり方をみんなで考えようとする態度，報告・連絡・相談の徹底，情報の共有・協力　など

【保育者に必要とされる人間性とは】

　笑顔，明るさ，思いやり，向上心や学ぶ姿勢，子どもが愛されていると感じられる心の豊かさ，活動を共に楽しむ気持ち，周囲の様子を感じ取る心，生き物を大切にすること，子どもに寄り添い気持ちを受け入れようとする気持ちや行動，その場にあった服装　など

【職業人としての基本姿勢】

　挨拶，公平な態度，正直さ，一人ひとりを尊重すること，時間や提出期限を守る，ルールを守る，体調管理，他者の気持ちになって考える，向上心を持ち続ける，仕事に対する責任感，思慮深い行動　など

【保育者としての礼儀やマナー】

　守秘義務，先輩保育者や保護者に対する適切な言語表現，基本的生活習慣，食事のマナー，明るい挨拶　など

　実習園では，目前で展開されるさまざまな出来事を通して，実践的な学び，つまり実習力を身に付けます。実習を終え，養成校に戻った学生はさまざまな形式で振り返りをします。振り返りを繰り返す過程で見えてくる姿が，保育者としての生きるべき方向性です。すなわち，このことが「保育力」なのです。

　これから実習に臨む学生のみなさんは，どのような学びを期待しているでしょうか。先輩たちの学びの足跡を参考にしながら，実習の目標やねらいを設定して実習準備の一助とし，保育者としての自己実現を目指しましょう。

索　引

執筆者・執筆担当

〔編著者〕

小泉 裕子　鎌倉女子大学短期大学部 教授　　　　　プロローグ・実習 01

園田 巖　　東京都市大学人間科学部 准教授　　　　実習 07

〔著　者〕(五十音順)

綾 牧子　　彰栄保育福祉専門学校 講師　　　　　　実習 12・実習 13

内田 裕子　明星大学教育学部 特任准教授　　　　　実習 10・実習 11

桐川 敦子　日本女子体育大学体育学部 准教授　　　実習 03

幸喜 健　　鎌倉女子大学短期大学部 准教授　　　　実習 04・実習 09

近喰 晴子　東京教育専門学校 講師　　　　　　　　実習 02・エピローグ

宍戸 良子　作新学院大学女子短期大学部 准教授　　実習 08

清水 道代　田園調布学園大学子ども未来学部 准教授　実習 06

舟生 直美　田園調布学園大学子ども未来学部 助教　実習 07

山本 詩織　作新学院大学女子短期大学部 講師　　　実習 05

イラスト：濱野 真伊

教育・保育実習テキストブック

―幼稚園・保育所・幼保連携型認定こども園―

2020年（令和2年）5月15日　初版発行
2021年（令和3年）12月20日　第2刷発行

編著者	小　泉　裕　子
	園　田　　　巖
発行者	筑　紫　和　男
発行所	株式会社 建帛社 KENPAKUSHA

112-0011　東京都文京区千石4丁目2番15号
TEL (03) 3 9 4 4 - 2 6 1 1
FAX (03) 3 9 4 6 - 4 3 7 7
https://www.kenpakusha.co.jp/

ISBN 978-4-7679-5126-3　C3037　　　　新協／田部井手帳
© 小泉・園田ほか，2020.　　　　　　　Printed in Japan
（定価はカバーに表示してあります）